Natalie Jakobi

AF191483

Sinneswandel

Und es werde Licht

Für Dich und mich...

Bibliografische Information der Deutschen Nationalbibliothek: Die Deutsche Nationalbibliothek verzeichnet diese Publikation in der Deutschen Nationalbibliografie; detaillierte bibliografische Daten sind im Internet über dnb.dnb.de abrufbar.

Herstellung und Verlag: BoD – Books on Demand, Norderstedt

ISBN: 978-3-756-8874-60

Einleitung

Da sind wir nun, du und ich und dieses Buch. Ich würde mal annehmen, du hast dich hier eingefunden, weil du auf der Suche nach Antworten bist. Antworten auf Fragen, die sich wohl Jeder im Laufe seines Lebens stellen wird. Der eine früher, der andere später. Fragen, auf die es hunderte verschiedener Antworten gibt, und doch streng genommen, keine Einzige.

Fragen wie zum Beispiel:

Wer bin ich?
Warum bin ich?
Wohin gehe ich?
Was ist der Sinn meines Lebens?
Was fange ich mit diesem Leben an, nun wo ich schon mal hier bin?
Warum passieren mir ständig schlimme Dinge, anderen jedoch nicht?

Wenn dich all diese Fragen oder auch ganz Andere, zu eben diesem Buch geführt haben, dann habe ich eine gute und eine schlechte Nachricht für Dich. Fangen wir mit der Schlechten an:
Ich habe keine Ahnung und erst Recht keine zufriedenstellenden Antworten für Dich.

Nun zur guten Nachricht:

Ich habe ein paar interessante Gedankenspiele und Lösungsansätze für dich, die dich vielleicht inspirieren, dir Mut machen und dich auf den Weg bringen, deine ganz eigenen Antworten zu finden.

Ja, du hast richtig gelesen. Ich bin der festen Überzeugung, dass nur du selbst die Antworten finden kannst - in DIR - mögen sie auch noch so unkonventionell oder irre erscheinen, wenn sie sich für dich richtig und gut anfühlen, wie könnten sie dann falsch sein?

Warum ich inzwischen dieser Überzeugung bin, warum ich genau diesen Titel gewählt habe und warum alle Anderen einigermaßen falsch liegen dürften, das will ich dir auf den folgenden Seiten erklären. Ich bin mir sehr bewusst darüber, dass dir manche meiner Aussagen vollkommen idiotisch vorkommen werden. Bei anderen werden dir die Nackenhaare zu Berge stehen, du wirst dich vielleicht um meine geistige Gesundheit sorgen oder einfach nur ungläubig mit dem Kopf schütteln. Das ist in Ordnung. Ja, selbst wenn du das Buch so richtig blöde findest und mich zum Teufel wünschst, mein Ziel war schon in dem Moment erreicht, als du gelesen und angefangen hast nachzudenken.

Dies ist das Ziel dieses Buches. Dich zum Nachdenken, zum Hinterfragen anzuregen. Dich zu ermuntern, über den Tellerrand hinaus zu schauen und deinen eigenen Antworten ein Stück näher zu kommen, und sei es auch nur nach dem Ausschlussprinzip. Dieses Buch soll dich weder bekehren, noch überzeugen. Dies überlasse ich Menschen, die sich damit besser auskennen als ich. Ich stelle dir hier nur ein paar Theorien, Thesen und Überlegungen vor, die mir auf der Suche nach meinen eigenen Antworten begegnet sind. Dazu möchte ich ausdrücklich betonen: Nichts davon ist in Stein gemeißelt oder auch nur annähernd bewiesen. Andererseits wurde aber auch Nichts davon jemals zweifelsfrei widerlegt...

Lehrer lehren

Seit tausenden von Jahren versuchen die Menschen sich an den verschiedensten Erklärungsmodellen, woher wir kommen, warum wir sind und wohin all Das führen wird. Manche dieser Ansichten sind sehr populär geworden und konnten sich über die Jahrhunderte hinweg in unseren Köpfen halten. Ich bin allerdings sicher, ein bedeutend größerer Anteil, ist schneller wieder im Nirwana verschwunden, als er gedacht werden konnte. Eines jedoch haben all diese Erklärungsversuche gemeinsam, kein einziger konnte jemals bewiesen werden.

Das bringt uns zu diesem Buch, ich werde Dir hier ein Model vorstellen, dass sich im Laufe der Jahre praktisch von selbst entwickelt hat. Und ich möchte dich bitten, ja sogar dazu auffordern, jeden angeführten Punkt kritisch zu betrachten. Ich werde die verschiedensten Fragen, Thesen und Theorien aufstellen und Du bist der Gegenspieler, der sie auf den Prüfstand stellt, sie so richtig auseinander nimmt und die Gegentheorien dazu aufstellen wird, einverstanden? Gut, fangen wir also mit den Grundlagen an.

Wer sich mit den Fragen, die die Welt bedeuten, beschäftigt, der wird früher oder später unweigerlich auf die verschiedensten Lehrer, Religionen, Gurus, Schriften oder Überzeugungen stoßen. Das Schöne daran ist, es gibt sie wie Sand am Meer und noch schöner ist, sie ALLE kennen ganz genau, und zwar als Einzige, die richtigen Antworten. Auch ich habe mich auf der Suche mit den Weisheiten dieser Welt befasst. Dummerweise habe ich dabei nur noch mehr Fragen gefunden, statt der erhofften Antworten.

Wenn jeder Lehrer, jede Religion, jeder Gelehrte, jede Schrift Recht hat und die einzig wahre Wahrheit verkündet, was sagt das dann über die Anderen aus? Sind sie nur Hochstapler und Wichtigtuer? Und, wenn wirklich nur ein Weg der Richtige ist, wie zur Hölle soll ich dann bitte herausfinden, WER Recht hat und warum? Hast du dir mal angeschaut, wie viele Religionen, Götter, Gelehrte, Weisheiten etc. es gibt und wie sehr sie sich im Wandel der Zeit verändert haben? Nun ja, zumindest manche von Ihnen, andere beharren nach wie vor auf ihre Wahrheiten von vor 2000 Jahren, ob sie nun in unsere Welt passen mögen oder auch nicht.

Ich stelle hierzu die folgende These auf: Sie ALLE haben ausnahmslos Recht. Und gleichzeitig liegen sie ALLE vollkommen daneben.

Was im ersten Augenblick sinnlos erscheint, erklärt sich bei genauerer Betrachtung folgendermaßen: Wenn wir davon ausgehen, dass es schon immer Menschen gab, die sich Fragen gestellt und Antworten gesucht haben, dann müssen wir davon ausgehen, dass sie irgendwann fündig geworden sind. Ihre Antworten haben sie dann in Schriften, Lehren und Weisheiten festgehalten und den Menschen, die sie hören wollten, verkündet.

Jede Religion, jede Lehre, jede Schrift wurde von Menschen verfasst. Menschen, die ebenso wie du und ich auf der Suche nach Antworten waren.

Nun ist es aber so, dass nicht alle Menschen gleichzeitig auf der Suche sind. Hier treffen zwei für mich sehr interessante Gruppierungen aufeinander. Auf der einen Seite haben wir die Menschen, die eine Antwort gefunden haben. In den meisten Fällen war diese nicht sehr populär und wich erheblich von der allgemeingültigen Meinung ab, zumal sie häufig mit unschönen Regeln und Bedingungen einherging.

Es ist sicher kein schönes Gefühl, von etwas überzeugt zu sein, was alle Anderen für Blödsinn halten. Also würde man vermutlich versuchen andere Menschen zu finden, die sich mit dem, was man herausgefunden hat, zufrieden geben und schon ist man nicht mehr allein mit seinen Ansichten. Je mehr Anhänger man, für seine eigene Wahrheit findet, desto wahrer wird sie am Ende erscheinen, denn etwas, woran nur Einer glaubt, könnte idiotisch sein, etwas woran Viele glauben, kann nicht so ohne Weiteres in das Reich der Märchen verbannt werden.

Und dann gibt es das passende Gegenstück dazu: Nicht unbedingt wenige Menschen und ich bin sicher, es gab sie schon immer auf unserem Planeten, sind mit anderen Dingen beschäftigt und sehr dankbar, dass es Menschen gibt, die ihnen die Arbeit abnehmen und Antworten finden, auf Fragen, die sie sich gar nicht stellen wollen oder können. Es ist bequemer, eine Weltansicht zu übernehmen, die einem präsentiert wird, als sich selbst Gedanken darüber zu machen. Fairerweise muss man dazu aber auch berücksichtigen, dass die Meisten von uns überhaupt keine andere Wahl haben, weil wir von klein auf, auf ein bestimmtes Weltbild geprägt werden. Es ist also nicht verwunderlich, dass wir die Ansichten des Systems und der Gesellschaft übernehmen, in die wir hinein geboren werden.

Nichtsdestotrotz würde man natürlich nicht jeden Blödsinn glauben, wenn man zu jener Personengruppe gehört, aber, wie schon erwähnt, je mehr Anhänger eine Wahrheit hat, desto wahrscheinlicher erscheint sie einem Suchenden.

Kommen wir nun zu einem weiteren Teil meiner These. Ich behaupte jeder Mensch kann die Antworten, die er braucht nur in sich selbst finden. Die Wahrheit, die wir alle suchen, sieht für jeden Menschen anders aus. Es kann keine zwei Menschen geben, die genau dasselbe glauben, exakt den gleichen Weg gehen und dabei identische Ergebnisse erzielen. Warum? Weil es kein anderes Wesen auf diesem Planeten gibt, dass ist wie du. Kein anderes Wesen denkt, fühlt, glaubt, handelt, sieht, riecht, hört und spricht wie du. Kein anderes Wesen stellt deine Überlegungen an, hat dabei exakt dieselben Werte, Vorstellungen, Träume und Interessen wie du. Wie könnten also zwei Wesen, die sich zwar einerseits gleichen aber andererseits grundverschieden sind, genau dieselbe Wahrheit haben?

Für mich schließt sich das aus. Erklärt aber, warum meiner Meinung nach, ALLE Recht haben und gleichzeitig völlig falsch liegen. Sie haben ihre Antworten gefunden, ihren ganz eigenen Weg, ihren eigenen Glauben, daher haben sie recht. Allerdings nur für ihre eigene Person, diese Wahrheiten und Wege lassen sich nicht eins zu eins auf andere Wesen übertragen. Und darin liegt in meiner These, das Grundproblem.

Bei genauer Betrachtung, all der verschiedenen Wahrheiten, Religionen, Glaubensrichtungen und Lehren, ist festzustellen, dass sie alle denselben Ursprung haben, sogar in weiten Teilen mehr oder weniger dasselbe verkünden. Lediglich in ihren Prioritäten unterscheiden sie sich erheblich. Eine legt den Fokus auf die Liebe, eine auf das Dienen, eine auf die Arbeit, eine auf die Arbeit an sich selbst, und so weiter. Gott insgesamt ist für Alle Glaubensrichtungen einerseits der Allmächtige, der alle seine Kinder liebt und erschaffen hat. Die einen mehr, die anderen weniger, aber so ist das eben, wenn man eine Frau ist oder versehentlich an den falschen Gott glaubt. Andererseits herrscht Gott mit harter Hand und ist doch recht unversöhnlich, wenn man sich seinen Regeln widersetzt.

Nun ist es unglücklicherweise aber so, dass ich, laut den meisten dieser Lehren, als Mensch zweiter Klasse zur Welt gekommen bin, als Frau. Ich könnte das jetzt auf eine Verkettung unglücklicher Umstände zurück führen und mich in mein Schicksal fügen.

Das liegt aber aus irgendeinem Grunde nicht in meiner Natur. Und wenn ich den verschiedenen Glaubensrichtungen glauben schenken darf, dann hat Gott mich erschaffen und zwar genau so wie ich bin, wahlweise sogar nach seinem Ebenbild. Wie kann ich also etwas in mir tragen, etwas fühlen, denken, glauben, erleben, dass gar nicht im Plan vorgesehen sein dürfte? Und warum stelle ich mir Fragen, die mir demnach gar nicht zustehen?

Zusammenfassend könnte man also zu dem Schluss kommen, dass jeder Mensch, der jemals eine Antwort gefunden hat, genau die Antwort erhielt, die für ihn passend und stimmig war.

Wenn du dich für einen Moment auf den Gedanken einlässt, dass alles aus der selben Quelle stammt, dann ergibt sich ein wunderschönes Puzzle, dass sich wunderbar zusammen setzen lässt. Alles zusammen genommen gibt ein komplettes Bild, und jede Lehre, jede Glaubensrichtung wirft den Fokus auf ein ganz bestimmtes Teil des Ganzen. Womit dann meine These, alle haben Recht und gleichzeitig unrecht, irgendwie Sinn ergibt, oder?

Das würde dann aber auch bedeuten, dass man all die Weisheiten nur als Wegweiser, sozusagen als Inspiration verstehen dürfte. Es würde keinen Sinn ergeben, einem Lehrer, einem Buch oder einer Lehre einfach zu folgen, weil sie die individuellen Wahrheiten des jeweiligen Verfassers widerspiegeln. Diese Wahrheit ist nur auf diesen einen Menschen zugeschnitten, wie könnte man dann dasselbe Ergebnis erhalten, wenn man selbst ganz andere Bedürfnisse und Voraussetzungen mitbringt? Berücksichtigt man dann noch, dass sie größtenteils nicht unbedingt wörtlich zu verstehen sind, sondern jede Menge Interpretationsspielraum bieten, dann eröffnet sich einem eine unglaubliche Vielzahl an Möglichkeiten und Wahrheiten, aus denen man sich Diejenige raus suchen kann, die einem selbst am Wahrscheinlichsten vorkommt, oder anders ausgedrückt, die sich gut und richtig für einen anfühlt.

Natürlich steht es dir ebenso frei, dich einer der schon vorhandenen Glaubensrichtungen anzuschließen und dir ihre Regeln und Weltansichten ebenso zu eigen zu machen, wie auch die Antworten die in ihrer Wahrheit enthalten sind. Das funktioniert schon seit vielen tausend Jahren, für sehr viele Menschen und kann daher nicht ganz falsch sein. Aber vielleicht eben auch nicht ganz richtig, sonst wärst du ja nicht immer noch auf der Suche nach Antworten, oder?

Ich vertrete die Ansicht, nur, wenn man sich das große Ganze anschaut und für sich selbst die eigenen Puzzleteile zusammensetzt, kann man Antworten finden, mit denen man gut leben kann. Dieses Bild, dass man erhält, wenn man selbst anfängt, die einzelnen Stücke zusammenzufügen, wird für jeden Menschen anders aussehen und ich könnte mir vorstellen, das ist durchaus so gewollt.

Wenn wir mal davon ausgehen, dass diese höhere Macht, an die doch die meisten Menschen glauben, tatsächlich allmächtig, allwissend und daher absolut unfehlbar ist. Dann ist es unmöglich zu einem Ergebnis zu kommen, dass falsch ist. Ebenso unmöglich ist es allerdings im Umkehrschluss auch, zu einem Ergebnis zu kommen, dass vollkommen richtig ist. Es liegt nicht in deiner Macht, etwas zu denken, zu fühlen, zu glauben oder zu erahnen, was die höhere Macht nicht schon vor dir entdeckt hätte. So kannst du dir doch ziemlich sicher sein, dass zumindest ein Wesen dein Weltbild und deine Glaubensansichten teilt, auch wenn der Rest der Menschen dich für vollkommen irre hält.

Ich möchte gerne versuchen, mal ein paar Puzzleteile zu einem möglichen Bild zusammen zustellen. Es ist nur eine einzige Möglichkeit von unglaublich vielen, aber eine, die ich persönlich sehr spannend finde und die dir vielleicht ein paar neue Ansätze liefert, um dein ganz eigenes Bild zu malen. Ich bediene mich dabei verschiedenster Quellen, den Geisteswissenschaften, den Naturwissen-schaften, den Naturgesetzen, den unterschiedlichsten Glaubensrichtungen und nicht zuletzt jeder Menge eigener Überlegungen und Fantastereien.

Ich werde Dich also mitnehmen, auf ein kleines Gedankenexperiment, bei dem du dazu eingeladen bist, ganz eigene Bilder, Gedanken und Emotionen mit einfließen zu lassen. Und wer weiß, zum welchen neuen Erkenntnissen und Schlüssen du am Ende selbst kommen wirst?

Der Urknall

Beginnen wir also am Anfang. Da war der Ur-
knall, der alles Leben entstehen ließ. Oder war es
doch Adam, der eine Rippe einbüßte um Eva entstehen zu lassen? Man weiß es nicht so genau,
aber auch hier sind sich alle Lehren wieder einig,
eine höhere Macht gibt es auf jeden Fall. Der Einfachheit halber, wurden ihr die verschiedensten
Namen gegeben, die jedoch irgendwie alle dasselbe meinen.

Ob nun Gott, universeller Geist oder Energieansammlung, alle sind sich einig, dass unsere Welt
und somit auch die Menschheit dadurch erschaffen oder daraus entstanden ist. Auch herrscht
Einigkeit darüber, dass diese Macht sehr viel grö-
ßer und mächtiger ist, als wir uns auch nur im
Ansatz vorstellen könnten. Sie wird als Allmächtig, Allwissend, Allgegenwärtig beschrieben.

Einige Lehren gehen davon aus, dass wir von
Gott erschaffen wurden, wie schon mal erwähnt,
nach seinem Ebenbild. Andere Lehren hingegen
sagen, wir seien ein Teil Gottes und tragen das
Göttliche in uns, könnten also selbst, durch genug Erfahrung und Weisheit, selbst zu Gott werden. Meine These hierzu lautet: Sie alle haben
Recht. Denn, theoretisch gesehen, sagen sie alle
dasselbe, auch wenn sie es nicht so meinen.

Wenn Gott mich nach seinem Ebenbild erschaffen hat, dann trage ich seine Eigenschaften schließlich ebenso in mir, wie wenn ich ein Teil von ihm selbst bin oder das Göttliche in mir trage. Und wenn wir alle ein Teil dieser Macht sind, ganz egal, wie wir sie nennen, dann bedeutet das im Umkehrschluss auch, dass wir alle miteinander verbunden, also eins sind.

Ich benutze gerne Bilder, um visuell eine Vorstellung von Dingen zu bekommen, die zu abstrakt sind, um sie auf Anhieb greifen zu können. In diesem Fall, stelle ich mir diese Energieansammlung oder dieses Wesen, als einen See vor. Wir Menschen sind einzelne Wassertropfen in diesem See. Ein Wassertropfen kann unabhängig vom See existieren, wird sich aber, wenn er zurück ins Wasser kommt, wieder verbinden und eins mit diesem See sein. Abgesehen davon, besteht dieser See aus unzähligen Wassertropfen, was bedeutet, jeder einzelne Tropfen trägt jede einzelne Eigenschaft, Information und Struktur in sich, die der See im Gesamten auch enthält. Und wenn sich zwei oder zweihundert verschiedene Wassertropfen treffen, werden sie sich ebenfalls verbinden und niemand wird unterscheiden können, wer welcher Tropfen war.

Man könnte sich dieses Wesen auch einfach als einen menschlichen Körper vorstellen. Und jedes einzelne Lebewesen, ob nun Pflanze, Tier oder

Mensch, ist eine Zelle dieses Körpers. In der Gesamtheit existieren wir also als ein Mechanismus, trotzdem existieren wir auch als einzelne Individuen, mit den unterschiedlichsten Funktionen und Aufgaben. Aber, auch hier enthält wieder jede einzelne Zelle, die gesamten Informationen und Eigenschaften, in Form von Erbgut, in sich.

Logischerweise sind wir daher tatsächlich göttlich, denn eine Zelle deines Körpers wird, auch wenn sie von dir getrennt wird, immer eine menschliche Zelle bleiben, nicht wahr? Und sie wird dir auch zweifelsfrei, anhand von DNA und anderen Informationen zugeordnet werden können.

Wir haben nun also diese Wesenheit, die diese Welt erschaffen hat. Warum, das konnte noch keine Lehre wirklich erklären, es gibt aber zumindest Anhaltspunkte, nicht zuletzt sogar wissenschaftlich belegte.

Ein lebender Organismus, egal welcher Form, besteht aus reiner Energie. Diese Energie unterliegt den verschiedensten Natur-gesetzen, auf die wir später noch näher eingehen werden.

Genau genommen, besteht ALLES und ich meine wirklich ALLES, vom kleinsten Mikrolebewesen, über ein Sandkorn, ein Wassertropfen, eine Pflanze, ein Tier, ein Mensch, alles besteht aus reiner Energie. Je niedriger diese Energie schwingt, desto fester wird ein Stoff werden, je höher sie schwingt, desto beweglicher ist er. Ein Stein hat demnach eine sehr niedrige Schwingung, ein Mensch hingegen eine deutlich höhere. Dies ist inzwischen eindeutig wissenschaftlich belegt.

Was ebenfalls allen Organismen gleich ist, sie wollen leben und tun alles dafür, um dies zu erreichen. Wenn wir nun zu dem Bild des Körpers zurück kommen, den wir der höheren Macht gegeben haben, dann würde das bedeuten, dieser Körper will leben und wird alles dafür tun, um sein Überleben zu sichern. Und wenn wir dann weiter denken, dann sind Menschen, Pflanzen, Tiere und so weiter, die einzelnen Zellen dieses Körpers.

Daraus ergibt sich eine Teilantwort auf eine unserer drängendsten Fragen: Warum gibt es mich. Was ist mein Sinn oder Zweck in diesem Leben. Die Teilantwort lautet demnach: Ich bin ein wichtiger Baustein eines Wesens, das am Leben bleiben will und meine Aufgabe ist es, meinen Teil dazu beizutragen, dass wir am Leben bleiben.

Denn ja, es sichert natürlich auch unser eigenes Überleben, wenn es dem gesamten Organismus gut geht, haben auch wir eine Chance.

Dies ist natürlich erst einmal nur ein Anhaltspunkt und keine wirklich zufriedenstellende Antwort, aber es ist ein, wie ich finde, nicht unwichtiger Eckpunkt. Es geht also im weitesten Sinne ums Überleben.

Aber, wie stellen wir es denn nun an, dieses Überleben?

Die Wissenschaft sagt, Energie kann zwar seine Form, also seine Schwingung verändern, aber kann weder mehr noch weniger werden. Diese höhere Macht hat also immer dieselbe Menge an Energie zur Verfügung, egal in welcher Form sie sich gerade befindet. Ich sage, die Schwingung könnte hier ein wichtiger Hinweis sein.

Meine These hierzu ist folgende: Je höher die Schwingung, desto besser für den Organismus. Man könnte hier auch von positiv und negativ sprechen. Ich sage, je mehr positive, hoch schwingende Energie, desto besser ist es. Leblose Gegenstände haben eine niedrigere Schwingung, sind daher natürlich auch wichtig, denn jede Zelle zählt, aber reichen nicht aus, um das Überleben zu sichern. Pflanzen und Tiere haben schon höhere Schwingungen und haben alle ihre unterschiedlichen Aufgaben um ihren Teil beizutragen. Der Mensch jedoch, hat eine wirklich bemerkenswerte Schwingung und damit ganz sicher eine tragende Funktion im großen Ganzen.

Eines möchte ich aber an dieser Stelle absolut und unmissverständlich klarstellen: JEDE einzelne Zelle zählt und jede einzelne Zelle ist genau gleich wichtig. Du willst schließlich auch nicht entscheiden müssen, ob dir eine Zelle aus dem Herzmuskel oder eine aus der Darmwand wichtiger ist. Du möchtest sie gerne alle behalten und bei bester Gesundheit wissen, oder?

So verhält es sich zweifelsfrei auch bei unserem großen Ganzen. Ich sage daher nicht, Pflanzen oder Tiere sind weniger Wert als der Mensch. Im Gegenteil, jedes Lebewesen ist absolut unverzichtbar und auch miteinander verbunden, nur die Art der Schwingung unterscheidet sich erheblich. Und das hat durchaus seinen Sinn, denn nur dadurch hat der Mensch in seiner höheren Schwingung, überhaupt die Chance seinen Aufgaben nach zu kommen.

Wir sind in unserer Evolution noch nicht so weit gekommen, dass wir auf die Erde, den Sauerstoff oder Nahrung verzichten könnten, richtig? Dieser gesamte Organismus ist bis ins kleinste Detail durchdacht und funktioniert nur als Gesamtkunstwerk, ebenso wie unsere eigenen Körper. Menschen die krank sind, können ein Lied davon singen, wie es ist, wenn sich manche Zellen für was Besseres halten und im Körper anfangen zu wüten.

Aber zurück zum eigentlich Thema. Es kommt also auf die Schwingung an. Wusstest du, dass nicht nur die Lebewesen, also unsere Körper an sich aus Energie und somit Schwingung bestehen? Auch unsere Handlungen, unsere Gefühle und unsere Gedanken bestehen aus messbarer Schwingung. Die sogar untereinander interagieren kann. Und diese Schwingung ist deutlich höher, als die unseres Körpers.

Damit kommen wir zu einem weiteren wichtigen Teilaspekt unserer Frage nach dem Sinn des Lebens: Es kommt nicht nur auf unsere reine Existenz an, sondern auch auf das was wir fühlen, denken und tun. Jeder Gedanke den du hast, jedes Gefühl, das du fühlst, verändert Energie. Du selbst, und auch dies ist wissenschaftlich belegt, hast also die Macht, die Schwingung von Energie zu verändern.

Dies kann zum Beispiel durch eine Handlung sein. Du nimmst Schnee, mit einer niedrigen Schwingung und kochst ihn auf. Der Schnee verflüssigt sich und nimmt dabei automatisch eine höhere Schwingung seiner einzelnen Bestandteile an. Dasselbe gilt für Gedanken und Gefühle. Manche haben eine höhere Schwingung, wir bewerten sie daher als positiv, andere haben eine niedrigere Schwingung und werden eher negativ bewertet.

Deine Aufgabe, wenn wir in diesem Gesamtbild bleiben, wäre demnach, Energien zu verändern und dafür zu sorgen, dass möglichst viele verschiedene Schwingungen entstehen, weil diese dem Organismus das Leben geben.

Jetzt ist es aber so, dass wir alle wissen, wie die Welt ist, in der wir leben. Es ist unmöglich nur positive Energie zu generieren, dies ist eine logische Konsequenz aus einem der Naturgesetze, die wir uns später noch anschauen werden. Aber das ist für die höhere Macht auch nicht relevant. Sie bewertet nicht nach positiv und negativ, so wie wir Menschen es tun. Auch negative Energie bringt wichtige Schwingung ins System ein. Hier macht es dann eher die Masse. Das Schöne ist, das die positive Schwingung stärker wirkt, man also deutlich weniger davon benötigt.

Logisch oder? Negativ bedeutet langsamere Schwingung, wir brauchen also mehr davon. Positiv bedeutet schnellere Schwingung also benötigt man deutlich weniger um dasselbe Ergebnis zu erzielen. Egal wie, beide Schwingungen werden diesen Gesamtorganismus am Leben erhalten.

Würde der Mensch es sich leicht machen wollen, würde er sich daher eher auf die höhere Schwingung konzentrieren und hätte deutlich weniger Arbeit um seinen Zweck zu erfüllen. Dies scheint aber aus irgendeinem Grund nicht in der Natur des Menschen zu liegen und ich glaube, dafür gibt es triftige Gründe, die wir uns anschauen sollten.

Die Natur des Menschen

Warum sehen wir die Welt eher schwarz als weiß? Wieso fällt es uns so viel leichter, negative Energie hervorzubringen, statt positiver?

Ich stelle hierzu folgende These auf: Wenn der Mensch in diese Welt geboren wird, vergisst er, dass er ein Teil der höheren Macht ist und warum er eigentlich hierher gekommen ist.

Das ist zum Einen wichtig, um sich ganz auf dieses Leben und die vor uns liegenden Aufgaben einlassen zu können. Wenn wir die Annahme zu Grunde legen, dass wir, wie es in einigen Lehren beschrieben wird, mehrfach in diese Welt kommen, dann wäre es sicherlich sehr verwirrend, wenn wir mit den Erinnerungen von alten Zeiten belastet wären.

Stell dir vor, du hättest, um mal eine Zahl zu nennen, zehn Leben hinter dir. Und du müsstest dich jetzt zusätzlich zu dem Leben, dass du hier führst, mit den zehn anderen Leben herum schlagen. Das wäre nicht nur super anstrengend, sondern wäre schlicht und ergreifend zu viel für unser Gehirn. Allein die elf verschiedenen Personen, mit ihren unterschiedlichen Lebensläufen, Persön-lich-keiten, Weltansichten und tausenden Emotionen, unter einem Dach zu beherbergen ist eine gruselige Vorstellung, oder?

Zum Anderen liegt es aber auch daran, dass wir von der Geburt an geformt und erzogen werden, um Teil dieser Gesellschaft zu werden. Und diese Gesellschaft im Gesamten, hat vergessen wer wir eigentlich sind und ist als Gesamtheit bisher nicht dazu in der Lage, sich wieder zu erinnern. Schauen wir uns mal eine mögliche Erklärung dazu an, warum dies so sein könnte.

Alle Gefühle, die wir zu Fühlen im Stande sind, lassen sich auf zwei Grundgefühle zurück führen. Liebe und Angst. Wenn du dir eine Skala vorstellst, dann ist Liebe das Gefühl mit der höchsten und Angst das mit der niedrigsten Schwingung. Wenn man es also ganz genau nimmt, ist es eine einzige Emotion, die sich nur in ihrer Schwingung unterscheidet.

Der Einfachheit halber bleiben wir aber bei dem Bild der Skala, mit den beiden Endpolen, Liebe und Angst. Jedes andere Gefühl, dass wir kennen, lässt sich irgendwo zwischen diesen beiden Endpolen einordnen und ist daher einem der beiden Extreme zuzuordnen.

Gehen wir weiterhin davon aus, dass dieses allmächtige Wesen, an das wir glauben, sicher eine extrem hohe Schwingung besitzt, müssen wir annehmen, es befindet sich rein „emotional" gesehen, definitiv am oberen Ende der Skala. Es dürfte daher aus reiner Liebe bestehen, warum sollte es sich mit niedrigeren Schwingungen belasten?

Wie wir schon festgestellt haben, sind wir ein Teil dieses Wesens, also sind auch wir im Kern, nennen wir es der Einfachheit halber „Seele", reine Liebe. Das wäre also unser emotionaler Zustand, bevor wir in diese Welt eintreten. Und ich bin sicher, jeder, der schon mal ein Baby beobachtet hat, wird mir zustimmen, dieses kleine Wesen, ist Liebe pur. Bis der eine Punkt kommt, an dem es die Angst kennenlernt.

Vielleicht, weil es sich verlassen fühlt, weil es Hunger hat und ihm die Abhängigkeit von den Eltern bewusst wird, oder weil ein anderes seiner Grundbedürfnisse nicht erfüllt wird. Im Laufe seines weiteren Lebens wird es noch haufenweise andere Ängste kennen lernen. Die Angst nicht geliebt zu werden, die Angst die Erwartungen der Eltern, der Lehrer, der Gesellschaft nicht zu erfüllen und so weiter und so fort.

Wir kommen also in diese Welt und kennen eigentlich Nichts als Liebe, und müssen dann aber feststellen, dass es noch ein anderes sehr mächtiges Gefühl gibt, mit dem wir uns beschäftigen müssen.

Ich sage hierzu: Wir lernen im Laufe unseres jungen Lebens so viel Angst kennen, dass wir auch deswegen vergessen, wer wir eigentlich sind und das wir die reine Liebe in uns tragen. Unser gesamtes Weltbild unser System, unsere Gesellschaft sind so sehr von Ängsten und Gefühlen mit niedriger Schwingung geprägt, dass wir gar keine Chance haben, unser ursprüngliches Wesen aufrecht zu erhalten oder auch nur zu erfassen.

Nun ist es aber so, selbst wenn unser Bewusstsein vergisst, unser Unterbe-wusstsein oder unsere Seele, ist außerstande zu vergessen. Sie ist ja reine Liebe, es ist ihr also nicht möglich etwas anderes zu sein, da sie das Göttliche in sich trägt.

Und da kommen wir auf den Punkt, an dem wir anfangen uns Fragen zu stellen und uns auf die Suche nach Antworten zu machen. Wir spüren tief in unserem Inneren dieses nervige kleine Piksen, dass uns immer wieder daran erinnert, dass irgendwas nicht so ist, wie es sein sollte. Vielleicht ist es ja unsere Seele, die verzweifelt versucht uns wach zu rütteln um uns daran zu erinnern, wer wir eigentlich sind?

Glücklicherweise haben wir in dieser Welt mehr als genug Ablenkung, so dass wir dieses Rütteln gut ausblenden können. Die Einen mehr und die Anderen weniger. Dies könnte auch erklären, warum ein Großteil der Suchenden sich erst nach schweren Schicksalsschlägen überhaupt auf die Suche macht. Dann wird es plötzlich dringlicher, weil die Stimme zu laut geworden ist um sie zu ignorieren, weil die Ablenkung nicht mehr wirkt, oder auch, weil einem die eigene Sterblichkeit plötzlich bewusst wurde.

Doch warum könnte es wichtig sein, sich daran zu erinnern? Schließlich könnte man ja jetzt argumentieren, wenn es wichtig wäre, dann würden wir es doch ganz sicher nicht vergessen, oder? Nun, wie wir uns schon angeschaut haben, scheint in diesem Model, ein Sinn unseres Lebens zu sein, dass wir verschiedene Energien bzw. Schwingungen erzeugen. Durch unsere Prägung, unsere Erziehung, die Gesellschaft und die Weltanschauungen, die uns eingeschärft werden, müssen wir uns zwangsweise mit den niedrigeren Schwingungen befassen, denn das was wir kennen, ist das, womit wir arbeiten können.

Die meisten von uns kennen die Angst, in ihren unterschiedlichsten Ausprägungen, am Besten. Es ist daher nur logisch, dass wir unseren Fokus auf die untere Hälfte der Skala konzentrieren. Dies bedeutet aber zum Einen, dass wir sehr viel mehr Energie benötigen, um den Organismus am Laufen zu halten und zum Anderen bedeutet es eben auch, dass wir uns immer im Widerspruch zu unserem eigenen Wesen befinden.

Und diese Zerrissenheit macht uns unzufrieden, krank, launisch und führt uns unweigerlich noch tiefer in die niedrig schwingenden Emotionen hinein.

Um es mal auf die Gesellschaft im allgemeinen zu übertragen: Kannst du dir eine glückliche, gesunde und harmonische Gesellschaft vorstellen, wenn die darin lebenden Menschen alle von Angst zerfressen sind?

Angst erzeugt all die Zustände, die wir als rein negativ bewerten: Gier, Neid, Gewalt, Machtstrukturen, Missbrauch, Verrat und letztendlich Krankheit und Zerstörung. Wir sehen es jeden Tag in den Nachrichten, doch häufig reicht schon ein Blick in die eigenen Reihen um zu sehen, dass irgendwas gründlich schief läuft.

Der einzige Grund, warum diese Gesellschaft nicht Amok läuft und sich, trotz der Unzufriedenheit, relativ ruhig verhält, ist, dass wir ausreichend abgelenkt sind. Wer abgelenkt ist, stellt keine Fragen, beschäftigt sich weder mit sich selbst noch mit kritischen Themen. Wenn man es daher genauer betrachtet, kann unsere Gesellschaft nur in dieser Form halbwegs bestehen, weil für genügend Ablenkung gesorgt ist.

Wenn ich allerdings darüber nachdenke, dann stellt sich mir die Frage, ob es nicht genau deswegen wichtig sein könnte, dass wir uns erinnern. Denn, dann könnten wir uns auf die Emotionen im oberen Bereich konzentrieren und hätten sehr viel weniger Drama und noch sehr viel weniger Arbeit um die notwendigen Energien aufzubringen um das gesamte System am Laufen zu halten.

Die meisten Lehren vertreten die Ansicht, dass Gott uns bestraft für unsere Sünden. Schlimme Dinge geschehen, weil wir nicht gut genug sind, seine Regeln nicht befolgen oder einfach der Liebe nicht wert sind, die er uns entgegen bringt. Diese Botschaft hat eine so extrem negative, also niedrige Schwingung, mit der wir leben müssen, dass ich, wenn ich der liebe Gott wäre, reichlich stinkig wäre.

Wie können wir diesem Wesen, dass wir als Allmächtig, Allwissend und Allgegenwärtig beschreiben, so niedrige Beweggründe unterstellen? Und wie könnten wir, als Menschen, glücklich und harmonisch leben, wenn wir so einen Tyrannen im Nacken sitzen haben, und unser Leben lang Angst haben müssen, ob er uns am Ende für gut genug befindet, wieder zu ihm Nachhause zurück kehren zu dürfen?

Das machte für mich einfach überhaupt keinen Sinn. Wie könnte aus beispielsweise einer Religion, die Liebe predigt, aber gleichzeitig Angst und Hass schürt, jemals etwas Positives entstehen?

Die größte Lüge

Ein weiterer Punkt, der uns davon abhält, uns zu erinnern, wer wir wirklich sind, ist die größte Lüge aller Zeiten: „Sei einfach du selbst".

Wer hat diesen Satz nicht schon hundertfach zu hören bekommen? „Sei einfach du selbst". Hört sich doch gut an, oder? Am besten noch mit dem Zusatz: „Denn alle Anderen gibt es schon." Oh ja, da geht einem das Herz auf. Wie sehr sehnen wir uns danach, einfach nur wir selbst zu sein und uns zu verwirklichen.

Es ist eine glatte Lüge, die uns da aufgetischt wird, ebenso wie die Aussage, dass du ein freier Mensch bist. Beides ist schlichtweg nicht wahr.

Ehrlicherweise müsste es heißen: Sei einfach so, wie die Gesellschaft es von dir erwartet, möglichst unauffällig, angepasst und immer darauf bedacht, den derzeit geltenden Regeln zu folgen. Freiheit bedeutet in unserem Falle heute eigentlich nur, sich unter dem Radar zu bewegen und sich ausreichend ablenken zu lassen, um keine Probleme zu verursachen.

Würden mehr Menschen diese beiden Aussagen für bare Münze nehmen, dann wäre unsere Welt definitiv eine andere, als sie es heute ist. Ich möchte nicht sagen, sie wäre zwingend eine bessere Version ihrer selbst, dafür sind die Menschen einfach zu verschieden in ihren Prioritäten, aber sie wäre anders. Bunter, vielfältiger und höchstwahrscheinlich deutlich chaotischer. Sie würde pulsieren und es ist anzunehmen, dass sie zwar nicht mehr ganz so geordnet wäre, aber dafür lebendiger denn je.

Es ist natürlich utopisch zu sagen, dass es dann kein Elend, keine Ängste und keine Missstände mehr gäbe. Das wiederum liegt definitiv auch nicht in der Natur dieses ganzen Organismus. Aber vielleicht gäbe es dann ein bisschen mehr Ausgeglichenheit, ein paar weniger globale Probleme, ein bisschen mehr Liebe in der Welt. Vielleicht wären einige Menschen dann glücklicher, zufriedener und damit auch sehr viel produktiver, als sie es in unserer derzeitigen Gesellschaft sein können?

Ein Mensch, der ganz und gar er selbst sein könnte, so wie er in seinem Wesen ist, nicht wie andere ihn gedacht und letztendlich erschaffen haben, hätte die Möglichkeit, sein volles Potential zu entfalten. Dann wüsste er, dass er nicht erst Jemand werden muss, sondern dass er schon Jemand ist, und das er gut so ist, wie er ist. Er müsste keine Angst haben, dass er nicht geliebt wird, denn er wäre sich bewusst darüber, dass er selbst reine Liebe in sich trägt und immer ein Teil dieses höheren Wesens sein wird. Er müsste sich keine Sorgen machen, ob er jemals gut genug sein wird, weil er die Gewissheit hätte, von Anfang an gut genug zu sein. Dieser Mensch würde nicht in emotionaler Abhängigkeit zu anderen Menschen stehen und wäre deutlich weniger manipulierbar.

Stell dir mal vor, ein Mensch, der so durchs Leben geht, wie viel echtes Selbstbewusstsein er hätte, wie viel Selbstvertrauen, wie viel Potential er mitbringen würde. Er würde sich selbst nicht in Frage stellen und erst Recht nicht zulassen, dass Andere ihn in Frage stellen. Was bitte nicht mit irgendwelchem krankhaften Egoismus oder Narzissmus zu verwechseln ist. Denn ein Mensch, der sich seiner Selbst vollkommen bewusst und mit sich selbst im Reinen ist, sieht keine Notwendigkeit in solchen Verhaltensweisen.

Er könnte einfach sein und schauen, wie er sich selbst am Besten einbringen kann in unserer Welt. Wenn er seine Energie nicht damit verschwenden müsste, sich selbst irgendwie auf die Reihe zu bringen und seine Ängste in den Griff zu kriegen. Wenn er nicht ständig im Kampf, gegen sein eigenes Wesen auf der einen, gegen die Gesellschaft auf der anderen Seite, wäre, dann könnte er sich auf so viele andere Dinge konzentrieren und würde sich wahrscheinlich sehr viel freier fühlen, als der Rest der Menschen.

Ein solcher Mensch hätte Kapazitäten um kreativ zu sein, um sich mit Fragestellungen zu beschäftigen, von denen andere Leute sich eher ab-lenken lassen. Folglich könnte er auch Lösungen finden, Dinge verändern und seine Talente, die er mitbringt, ausleben.

Aber, aus irgendeinem Grund, ist genau dies nicht erwünscht in unser Welt. Wir wollen Kreativität nur insoweit, wie sie dafür sorgt, dass die Menschen entweder abgelenkt sind, oder eine Menge Geld zu scheffeln ist. Würden wir wirklich Probleme, die eindeutig bestehen, lösen wollen, dann wären sehr viele von ihnen innerhalb kürzester Zeit Geschichte. Es liegt unzweifelhaft in unserer Hand, einige Missstände sofort zu beheben, wenn wir es nur wollten. Es ist nur nicht sonderlich lukrativ und somit nicht erstrebenswert. Auch dies ist meiner Meinung nach, wieder mit der Angst zu begründen.

Geldgier geht meist mit der Gier nach Macht einher. Beides sehr mächtige Antriebe, die auf Angst begründet sind.

Wer Macht will, sie unbedingt braucht, hat letztendlich Angst ohne sie unbedeutend zu sein. Nichts Besonderes, nicht genug Wert zu sein. Wer Macht unbedingt braucht, der hat große Angst, weil er sich wertlos und ungeliebt fühlt. Besser die Menschen fürchten einen und man selbst hat die Zügel in der Hand, als dass man einfach nur ein kleines Licht ist, nach dem kein Hahn kräht.

Solche Menschen gibt es und gab es schon immer. Scheinbar gewissenlos gehen sie durchs Leben und schauen häufig nicht nach rechts und links. Sie fühlen sich nur gut, wenn Alle anderen zu ihnen aufschauen, sie bewundern, beneiden und wenn es sein muss auch fürchten. Und die Gesellschaft tut ihnen diesen Gefallen.

Unsere Gesellschaft liegt in den Händen einiger weniger, die die Regeln vorgeben und sich skrupellos bereichern. Es liegt in der Natur der Sache, dass sie sich nicht gerne von ihrem Thron stoßen lassen möchten. Denn wer sind sie denn dann noch?

Das auch sie einen sehr hohen Preis zahlen müssen, wissen sie schlau zu verbergen. Nicht selten auch vor sich selbst. Denn auch ein Mensch, den wir als privilegiert betrachten, der reich ist, Ansehen genießt, für den die allgemeinen Regeln anscheinend nicht gelten, steht nicht automatisch auf der Sonnenseite des Lebens. Er möchte nur, dass du und ich das denken, denn das gehört nun mal zu seinem Image und würden wir die Wahrheit kennen, wären wir vielleicht ein kleines bisschen weniger Neidisch.

Ich habe in diesem Zusammenhang schon oft die Aussage gehört: „Ja klar, aber in einer großen Villa mit vollem Bankkonto heult es sich besser." Das mag sein, aber in dieser Villa wird unter Umständen mehr geheult, als du dir vorstellen kannst, denn wer auch immer da heult, hat haufenweise Probleme und Ängste, mit denen du dich glücklicherweise gar nicht erst herumschlagen musst.

Und wenn man das zugrunde liegende Model unseres Lebens als Maßstab nimmt, dann sind Menschen, die so in ihren Ängsten, der Gier nach Macht, Geld und Ablenkungen verstrickt sind, ganz definitiv nicht zu beneiden. Viel weiter könnten sie sich nämlich von ihrem ursprünglichen Wesen und dem Grund, warum sie hier sind, gar nicht entfernen.

Aber, solche Menschen prägen unsere Gesellschaft maßgeblich und tragen ihren Teil dazu bei, dass wir uns kollektiv nicht dorthin entwickeln können, wo wir eigentlich hin wollen. Und da ja bekanntlich Nichts ohne Grund geschieht, wird das schon seine Richtigkeit haben, nicht wahr?

Ursache und Wirkung

Was uns zu meiner nächsten These bringt. Für mich handelt es sich hier um ein kleines Missverständnis. Es geht um oben genannte Aussage: Nichts geschieht ohne Grund.

Viele Menschen glauben, diese Aussage bezieht sich darauf, dass Alles vorherbestimmt ist, dass das Schicksal zugeschlagen hat. Ich hingegen habe einen anderen Ansatz. Wie schon erwähnt, gibt es verschiedene Naturgesetze, die unumstößlich wirken und wissenschaftlich bewiesen sind. Sie bilden, laienhaft erklärt, die Grundregeln, nach der unsere Welt funktioniert. Ich habe keine Naturwissenschaften studiert, daher kann ich keine genauen Details zu Nachweisen und Studien wiedergeben, aber ich kann das erklären, was ich glaube verstanden zu haben.

Eines dieser Naturgesetze spricht von Ursache und Wirkung. Was vereinfacht ausgedrückt nur heißt:

Nichts geschieht ohne Grund. Alles was geschieht hat einen Auslöser, eine Ursache auf das es sich bezieht. Häufig kennen wir diese Ursache nicht und erklären uns die Geschehnisse dann eben mit dem Schicksal, Vorhersehung oder Ähnlichem.

Noch sehr viel öfter lassen sich die Verbindung von Ursache und Wirkung gar nicht mehr in direkten Zusammenhang bringen, weil sie zeitlich nicht unbedingt miteinander in Verbindung stehen. Ein Ereignis, dass dich heute überrascht, kann seinen Ursprung zum Beispiel in einer bzw. mehreren Entscheidungen haben, die du im Laufe deines Lebens getroffen hast. Das hat dann relativ wenig mit dem großen Schicksal zu tun, sondern ist theoretisch logisch nachvollziehbar.

Diese Theorie hat aber einen ganz entscheidenden Nachteil, der uns Menschen nicht so gut gefällt. Wenn sie nämlich wahr ist, dann bist du selbst und zwar ganz allein, für dein Leben verantwortlich. Wenn Du das Schicksal, die Vorsehung oder auch Gott nicht mehr dafür verantwortlich machen kannst, weil er ja nicht die Ursachen schafft, dann bleibst am Ende nur du selbst übrig.

Und wir gehen noch einen Schritt weiter, jeder deiner Gedanken, jedes deiner Gefühle, jede deiner Taten, bestehen ebenfalls aus Energie, sie haben eine eigene Schwingung, die tatsächlich nachweisbar und messbar ist. Was dann heißt, dass auch jedes deiner Gefühle, jeder Gedanke, jede Tat, eine Ursache sein kann, die irgendwann eine Wirkung, also ein bestimmtes Ereignis nach sich zieht. Ein ziemlich beängstigender Gedanke, oder? Aber gar nicht so abwegig.

Schwingungen interagieren untereinander, sie beeinflussen sich gegenseitig und sie können sich anziehen oder abstoßen, ähnlich wie Magnete. Dadurch lassen sich viele Phänomene erklären, die wir sonst nicht wirklich erklären können. Warum ist dir ein Mensch zum Beispiel auf Anhieb sympathisch, warum fühlst du dich an bestimmten Orten wohl oder oder. Es liegt an der Schwingung. Ist sie angenehm für dich, oder der Deinen ähnlich, dann reagiert deine eigene Schwingung darauf mit „Zustimmung". Ist es eine Schwingung die dir unangenehm oder fremd ist, dann wirst du unweigerlich auf Rückzug gehen.

Wenn man sich das mal, in einem ruhigen Moment wirklich bildhaft vor Augen führt, dann wird einem irgendwann klar, warum man sehr gerne an seiner eigenen Schwingung arbeiten möchte. Denn wenn ich mich selbst in einem niedrigen Bereich von Angst und Negativem aufhalte, dann wird mein Energiesystem auf entsprechende Energien reagieren. Und wie schon festgestellt, fühlen wir uns am Wohlsten mit den Schwingungen, die uns bekannt und unserer eigenen am Ähnlichsten ist. Hier greift der Spruch: „Gleich und gleich gesellt sich gern".

Wenn du also in deinem Leben unzufrieden und unglücklich bist, wenn du dich immer wieder fragst, warum dir dies oder jenes zum wiederholten Male passiert, dann liegt eine mögliche Antwort hier vor dir. Du bewegst dich auf einer entsprechenden Schwingung und diese reagiert, ähnlich wie ein Sender, auf die entsprechenden Signale. Deine Gedanken, deine Gefühle, deine Handlungen gestalten daher dein eigenes Leben und sind entscheidend dafür, wie es sich gestaltet.

Für mich war es vollkommen logisch nachvollziehbar, dass ich damit selbst darüber bestimme, ob mein Leben glücklich oder unglücklich verläuft. Und es war auch absolut sonnenklar, dass ich selbst die Verantwortung für die Ursachen trage, die letztendlich ihre Wirkung entfalten.

Einen ganz entscheidenden Haken hat diese Theorie allerdings. Wie lassen sich dann Schicksalsschläge erklären, die wir definitiv so nicht herbei gewünscht hätten? Eine Naturkatastrophe? Eine schwere Krankheit? Ein schwerer Verlust? Ein Gewaltverbrechen?

Natürlich sind wir uns sicher einig darin, dass wir solche Ereignisse nicht in unserem Leben wünschen und dass wir sie höchstwahrscheinlich auch nicht beeinflussen konnten.

Das ist einerseits richtig, andererseits stimmt es aber nicht ganz. Dazu müssen wir nochmal darauf zurückkommen, dass wir als Gesamtsystem funktionieren. Natürlich hast du dich nicht eines Tages hingesetzt und daran gearbeitet, dass dir solche Dinge geschehen oder das es sie überhaupt auf dieser Welt gibt. DU als einzelne Person hast dies nicht verursacht. Wenn man sich die Menschheit als Gesamtes anschaut, dann könnte man allerdings zu einer anderen Annahme kommen.

Ein einfaches Bild zur Verdeutlichung, dass mir dazu in den Sinn kam: Niemand auf unserem Planeten möchte Krieg, richtig? Wenn man von ein paar Wenigen absieht die davon profitieren, aber die fallen nicht so sehr ins Gewicht. Die breite Masse will jedenfalls in Frieden leben und möchte keinen Krieg, das ist ein Fakt. Nach oben genannter Theorie, dürften Kriege daher der Vergangenheit angehören, tun sie aber nicht. Warum? Die mögliche Antwort lautet hier: weil Energien Schwingungen haben, die untereinander reagieren und miteinander in Resonanz gehen.

Wenn die Menschheit grundsätzlich gesehen in der niedrigsten Schwingung lebt, in der Angst, dann konzentriert sie sich unweigerlich auf das Gefühl, dass ihr vertraut ist. Wir haben Angst vor dem Krieg und wollen ihn nicht. Die Energie folgt diesem Gedanken und nimmt automatisch die Schwingung an. Dummerweise ebenjene, die wir eigentlich vermeiden wollen. Die der Angst. Würden die Menschen sich auf die positive Seite konzentrieren, auf die Liebe und den Frieden, hätten wir ganz automatisch eine andere Ursache geschaffen, die mit der entsprechenden Energie reagiert. Vereinfacht hieße das also, wir müssten an den Frieden denken, um den Krieg zu verhindern. Wir müssten eine positive Schwingung erzeugen um die negative Wirkung zu verhindern.

Vielleicht ist nun deutlicher, warum ich zu dem Schluss kam, dass ein einzelner Mensch sicherlich bestimmte Ereignisse nicht für sich selbst angezogen hat, sie aber trotzdem existieren. Ein anderer Aspekt, den ich in meine Überlegungen mit einbezogen habe, ist noch die Interaktion der Menschen untereinander. So wie du selbst Ursachen und damit Wirkungen erzeugen kannst, kann es auch jeder andere Mensch. Und auch, wenn wir theoretisch im Ursprung und im Wesen gleich sind, so sind wir doch vollkommen individuell und unterschiedlich im Dasein. Das heißt, jeder denkt, fühlt und handelt unterschiedlich, je nach seinen Bedürfnissen und Prioritäten.

Man könnte sagen, jeder Mensch hat die freie Entscheidungsgewalt über das, was er erzeugt. Wenn du nun, aufgrund deiner eigenen getroffenen Entscheidungen irgendwann das unglaubliche Pech hast, auf einen Menschen zu treffen, der für sich entschieden hat, sich an einer sehr niederen Energie auszuprobieren, in Form von Gewalt zum Beispiel, dann ist das weder deine Schuld, noch deine Verantwortung. Es ist Pech. Manchmal scheint es leider zu geschehen, dass wir zur falschen Zeit, am falschen Ort, auf die falschen Menschen oder auch Ereignisse treffen.

Und noch einen Punkt möchte ich hierzu in den Raum stellen. Nur weil für uns in diesem Leben bestimmte Entscheidungen nicht nachvollziehbar sind, heißt das nicht, dass sie falsch sind. Wenn ein Mensch beispielsweise schwer krank wird und stirbt. Dann ist das für die hinterbliebenen Angehörigen ein schwerer Verlust, der für sie absolut nicht nachvollziehbar ist. Wieso musste der geliebte Mensch sterben? Wieso dieses Leid? Das hat er sich doch schließlich nicht ausgesucht, da konnte er Nichts dafür. Oder ein Kind, dass mit Handicaps zur Welt kommt, das kurz vor oder nach der Geburt verstirbt, wie lassen sich all diese Einzelschicksale zufriedenstellend erklären?

Wie kann man auch nur im Ansatz den Gedanken zu lassen, dass es so gewollt war?

Die Wahrheit ist, darauf kann man keine zufriedenstellende Antwort finden. Man kann nur versuchen, sich vor Augen zu halten, dass wir mit unserem Verstand nicht jede Entscheidung unserer Seele nachvollziehen können. Wir erinnern uns in den meisten Fällen nicht daran, welche Aufgaben wir uns vorgenommen haben, welche Erfahrungen wir machen wollten oder mussten, um uns weiter zu entwickeln.

Es ist keine Erklärung, die solche Schicksalsschläge wirklich leichter macht. Aber vielleicht ein

40

Denkansatz, der einen Ausschau halten lässt, was man selbst aus einem solchen Szenario lernen oder mitnehmen könnte. Wir wissen einfach nicht, wer mit welchem Plan ins Leben kommt und warum die Seele manchmal Entscheidungen trifft, die mit logischem Verstand schlicht und ergreifend nicht nachvollziehbar sind.

Da aber das Naturgesetz von Ursache und Wirkung immer und ausnahmslos wirkt, haben hier verschiedene Ursachen zu einer Wirkung geführt, die traurig und kaum zu ertragen ist. Dennoch könnte man die Entstehung dieser Wirkung, wenn man sich sein komplettes Leben, jedes Gefühl, jede Tat, jeden Gedanken anschauen könnte, nachvollziehen, davon bin ich überzeugt.

Der Ansatz, den die Religion hier verfolgt ist vom Grundsatz her gesehen der, dass Gott es so gewollt hat. Gott hatte hier einen Plan oder war zornig oder unzufrieden. Das macht den Umgang mit solchen Situationen einfacher, weil man einen Schuldigen hat, auf den man wütend sein kann. Das ist sicherlich absolut nachvollziehbar und menschlich. Ob es für einen selbst jedoch die Wahrheit und der richtige Weg ist, das muss jeder für sich entscheiden.

Manchmal ist es einfacher, die Verantwortung aus der Hand zu geben, weil Alles andere nicht tragbar ist und das ist auch vollkommen in Ordnung. Jeder Mensch und jeder Weg sind absolut individuell und ich bin überzeugt davon, dass es kein richtig oder falsch gibt. Jeder Weg ist einzigartig und verfolgt seine eigenen Ziele. Jedes Wesen weiß tief in sich drin, wie es seinen Teil zum Großen und Ganzen beitragen kann. Und da wir nun mal aus Körper, Geist und Seele bestehen, ist für mich auch völlig logisch, dass alle drei Bestandteile ihren Anteil an dem haben, wie wir unseren Weg gestalten. Was aber nun mal ganz eindeutig auch heißt, dass die anderen Anteile da nicht immer voll im Bilde oder gar einverstanden sein müssen. Ich glaube, dass ist einer der besten Ansätze, den ich finden konnte, um zu verstehen, was wir mit unserem Leben anfangen sollten.

Von außen betrachtet, würde das bedeuten: Wenn es uns gelingt uns zu erinnern, wenn wir unsere eigene Schwingung erhöhen könnten, dann würden wir viel ruhiger und zufriedener durchs Leben gehen. Weil wir endlich den Sinn verstanden hätten, viele Kämpfe nicht mehr führen müssten und noch mehr Ängste sich in Luft auflösen würden. Wir hätten ein unglaubliches Potential und unzählige Möglichkeiten eine Welt zu erschaffen, die nicht perfekt, aber vielleicht ein bisschen glücklicher wäre.

Das große Glück

Was uns zum nächsten Thema führt. Das große Glück. Wir Menschen neigen dazu, den Anspruch zu haben, das alles perfekt, alles toll sein muss, damit wir rundum glücklich sein können. Wir stecken für uns selbst einen relativ engen Rahmen, von Begebenheiten und Dingen, fest, die es uns ermöglichen würden, glücklich zu sein. Ein großartiger Job, viel Geld, ein Haus, Reisen, Familie, der perfekte Partner, Kinder oder was auch immer.

Und während wir auf der Jagd nach diesen Dingen sind, macht das Leben seine eigenen Pläne und uns, nicht selten, einen Strich durch die, wohldurchdachte, Rechnung. Wir kommen ins Straucheln und plötzlich haben wir das Gefühl, es haben immer nur alle Anderen Glück, bei uns selbst jedoch, da jagt eine Katastrophe die Nächste.

Aus irgendeinem Grund ist uns das Glück nicht vergönnt. Was läuft da schief? Hat der liebe Gott es auf uns abgesehen? Verdienen wir es denn nicht auch glücklich zu sein? Endlich dort anzukommen, wo wir es geplant hatten? Sind wir denn nicht gut genug oder wertvoll genug, dass wir unser Stück vom Kuchen auch abbekommen?

Um dieser Problematik auf den Grund zu gehen und einer halbwegs plausiblen Antwort ein Stück näher kommen zu können, müssen wir Schritt für Schritt vorgehen.

Der Grundgedanke hierbei scheint zu sein, dass wir das Recht darauf haben, immer glücklich und sorglos durch das Leben zu gehen. Dies ist, wie so Vieles, einerseits richtig, unterliegt aber eventuell einem erheblichen Denkfehler.

Ich glaube, wir haben durchaus das Recht und auch die Fähigkeit dazu, glücklich zu sein. Es kommt nur darauf an, wie wir das Glück definieren und was wir glauben, dazu zu benötigen. Solltest du zu den Menschen gehören, die sich oben genannte Ziele gesetzt haben, um glücklich zu sein, dann wirst du vermutlich den Rest deines Lebens damit zubringen, dieses Glück zu jagen. Und vielleicht wird es dir auch gelingen, dich den ein oder anderen Moment vollkommen glücklich zu fühlen und das Leben in vollen Zügen zu genießen.

Möglicherweise wird dies aber nicht von allzu langer Dauer sein, und der nächste Tiefschlag steht schon vor deiner Tür.

Nun zu meiner ersten These: Solange ein Mensch, sein Glück von äußeren Umständen abhängig macht, steht er seinem eigentlichen Ziel sehr erfolgreich selbst im Weg. Abhängigkeiten können niemals zu einem dauerhaften und beständigen Ergebnis führen. Denn diese Abhängigkeiten sind, wie es das Wort schon definiert, von äußeren Faktoren, anderen Menschen, oder beliebigen Gegebenheiten abhängig.

Lass uns das mal bildlich betrachten. Stell dir Dein Leben als einen kleinen Tempel vor. Er besteht aus einem Boden als Fundament und einigen Säulen, die das Dach tragen. Das Fundament wäre in diesem Fall dein Leben als Gesamtes, also Du selbst. Die einzelnen Säulen stellen die verschiedensten Faktoren dar, die du dir ausgesucht hast, um das Dach, also Dein Lebensglück zu tragen.

Bei den meisten Menschen stehen diese Säulen für den Job, das Haus, das Auto, die Partnerschaft, Reisen, Hobbys, Geld etc. Was nun erst mal nach einem wunderschönen kleinen Tempel aussieht, wirkt bei näherer Betrachtung allerdings recht fragil. Denn, was ist, wenn du deinen Job verlierst? Zack, eine Säule eingestürzt. Du wirst dadurch vielleicht in finanzielle Bedrängnis geraten, schon fällt die nächste Säule in sich zusammen und auch die Säule, die dein Haus darstellt, beginnt zu bröckeln, weil du die Kreditrate nicht mehr finanzieren kannst.

Als nächstes wird die Partnerschaft sich verabschieden, weil du ungenießbar bist und dein Partner keine Lust mehr hat, deine Launen zu ertragen. Und schneller als du gucken kannst, brechen dir alle deine Säulen weg und dein Dach, kracht ungebremst zur Erde, wo es in tausend kleine Teilchen zerbricht.

Nach einer Weile, wenn der Staub sich gelegt hat, wirst du dich höchstwahrscheinlich hinsetzen und versuchen, die einzelnen Teile wieder zusammen zu fügen. Zumindest habe ich dies bisher so gehandhabt. Du baust neue Säulen, manche vielleicht nicht mehr ganz so schön, wie die Alten, andere dafür viel schöner und strahlender.

Und gerade, wenn du das Dach darauf gesetzt hast und dich zurücklehnst, um das neue Bauwerk zu bestaunen, bröckelt schon wieder eine der Säulen und das Drama fängt von vorne an. Wenn du das ein paar Mal hinter dir hast, wirst du irgendwann feststellen, dass das Dach inzwischen so oft auf das Fundament gekracht ist, dass sich auch hier tiefe Risse auftun. Dies könnte sich, auf dein Leben übertragen, zum Beispiel in Form von körperlichen Krankheiten, Depressionen oder Ähnlichem zeigen. Es wird also von Mal zu Mal schwerer werden, diesen kleinen Tempel von Neuem zu errichten. Vor Allem, wenn irgendwann das Fundament so beschädigt ist, dass es kaum noch etwas tragen kann.

Was aber tun, um dieses Szenario zu verhindern? Ich glaube, dazu müsste der Bauherr dieses Tempels, andere Materialien verwenden. Statt die tragenden Teile aus Dingen zu erstellen, die in Abhängigkeit zu anderen Menschen, Ereignissen oder Ähnlichem stehen, sollten Materialien verwendet werden, die dauerhaft tragend sein können. Da meiner Meinung nach, die Abhängigkeit von äußeren Faktoren vermieden werden muss, kam ich zu dem Schluss, dass man sie wohl nur in sich selbst finden kann.

Eine mögliche Bauweise könnte daher sein, dass du selbst, natürlich weiterhin das Fundament bildest. Die Säulen bestehen diesmal jedoch aus deinen eigenen Fähigkeiten, deinem Potential, aus Eigenschaften oder Gefühlen, die dir wichtig sind. Glück, Zufriedenheit, Leichtigkeit, Dankbarkeit, Glauben, Vertrauen, Liebe oder was Du sonst noch in dir finden magst. Und das Dach ist die Krönung, dein Leben, wie es sich im Äußeren gestaltet. Man könnte also sagen, du hast die Baumaterialien von Säulen und Dach gegeneinander ausgetauscht.

Was passiert nun, wenn etwas von den Äußeren Begebenheiten wegbricht? Dann fallen einfach ein paar Dachziegel runter. Wenn es dich richtig böse trifft und dein Leben komplett durcheinander gewirbelt wird, dann fliegt dir vielleicht sogar das komplette Dach weg. Aber, Dein Fundament bleibt intakt und sogar deine Säulen sind weites gehend unbeschädigt. Du findest ganz sicher die ein oder andere Schramme oder es wird ein Stückchen weggebrochen oder abgeplatzt

sein, aber diese kleinen Makel lassen sich vergleichsweise einfach beheben und du kannst dich
in Ruhe darauf konzentrieren, das neue Dach zu
errichten.

Nun wirst du dich vielleicht fragen, wie könnte
ich all diese Eigenschaften in mir finden, ich fühle
sie einfach nicht, weil mein Leben nun mal ist,
wie es ist.

Du erinnerst dich noch, was ich über die
Schwingungen und die Angst, die uns begleitet
erzählt habe? Wenn du es schaffst, ein bisschen
aus der Angstskala hinaus zu kommen und deine
Schwingung näher an die Liebe heran zu bringen,
dann wärst du vielleicht ziemlich überrascht, was
du in dir findest. Aber, wie genau soll das funktionieren?

Die zwei Seiten der Medaille

Diese Frage bringt uns zu einem weiteren Naturgesetz, das ich in meine Überlegungen mit einbezogen habe. Dieses Gesetz besagt, dass es immer zwei Seiten, zwei Pole oder zwei extreme Zustände von einer Sache gibt. Alles auf dieser Welt tritt praktisch als Paar auf, und der eine Part kann ohne den anderen Part unmöglich existieren.

Hell und Dunkel, Licht und Schatten, Liebe und Angst, Kalt und Warm, Freude und Leid, Gewinn und Verlust, Leicht und Schwer, Glück und Unglück, Leben und Tod. Jedes dieser Paare beschreibt letztendlich ein und denselben Zustand, nur in unterschiedlicher Ausprägung. Diese Liste ließe sich beliebig erweitern und auf alles übertragen.

Das würde demnach heißen, wenn ein Mensch das Recht für sich beansprucht, immer nur Glück haben zu wollen, dass sein Leben in jedem Punkt perfekt sein soll, und sein eigenes Lebensglück von dieser Annahme abhängig macht, dann wird er nicht erfolgreich sein können, richtig? Denn, das Gesetz der Dualität würde dies verhindern. Man könnte logischerweise kein Leben auf der Sonnenseite führen, ohne den Schatten jemals kennen zu lernen. Wo das Licht ist, da ist der Schatten nun mal unausweichlich mit an Bord.

Ebenso wenig könntest du leben, ohne zu sterben. Das Eine bedingt das Andere, sie sind unauslöschlich miteinander verbunden.

Was heißt, in jedem Leben, vollkommen gleich, wie deine wirtschaftliche, familiäre, soziale Situation aussieht, gibt es grundsätzlich beide Seiten. Es muss sie geben, denn diese Welt ist in ihrer Dualität sehr ausgeglichen. Wenn das Eine auftritt, ist zwingend auch das Andere vorhanden. Es wird daher immer genau gleich viel Licht und Schatten geben, gleich viel Freude und Leid, dieselbe Menge an Liebe und Angst. Es ist unmöglich, dieses Naturgesetz auszuhebeln.

Das beruhigende an dieser Tatsache ist allerdings, keiner dieser Zustände könnte ewig andauern. Auf die Nacht folgt unweigerlich der Tag. Auf das Licht unweigerlich die Dunkelheit. Auf die Unruhe folgt die Ruhe. Dies ist auf ein weiteres Naturgesetz zurück zu führen, das sagt, dass das Leben einem Rhythmus folgt, dass alles im Fluss und in Bewegung ist.

Verstehst du nun, warum ich es für sinnlos halte, sein Lebensglück davon abhängig zu machen, wie viel Glück man im Leben hat? Es davon abhängig zu machen, dass einem keinerlei Schicksals- oder Rückschläge widerfahren? Ich vertrete die Ansicht, dass es nicht darauf ankommt, wie viele positive oder negative Dinge einem geschehen, das hält sich ohnehin die Waage, sondern man sich viel mehr darauf konzentrieren sollte, wie die innere Haltung dazu ist.

Wie wir schon festgestellt haben, sieht es so aus, als ob wir Menschen uns, eher im niedrig schwingenden Bereich, auf der Gefühlsskala bewegen. Logischerweise reagieren wir daher auch vermehrt auf die Dinge, die eine ähnliche Schwingung aufweisen. Wir wären sozusagen blind geworden, für Alles, was außerhalb dieses Bereiches liegt. Dies würde auch erklären, warum wir subjektiv so empfinden, dass unser Leben eher aus negativen als aus wirklich lang anhaltenden positiven Aspekten besteht.

Wir konzentrieren uns auf das Altbekannte. Allem, was unserem Erfahrungsmuster nicht entspricht, begegnen wir mit Argwohn, es fühlt sich nicht richtig an und, oh Wunder, macht uns Angst. Streng genommen, boykottieren wir uns demnach selbst und machen uns das Leben sehr viel schwerer, als es sein könnte. Aber das scheint uns inzwischen in vielen Bereichen zur Angewohnheit geworden zu sein.

Der Schlüssel liegt in meiner Theorie, auf deinem eigenen Fokus. So lange du dich auf die negativen Dinge konzentrierst, wirst du sie deutlich stärker wahrnehmen, sie beeinflussen dich und dein Leben mehr und überschatten das Licht, dass unweigerlich ebenfalls vorhanden sein muss.

Dieses Phänomen zeigt sich in vielen Lebenslagen. Hast du schon mal erlebt, dass du dir etwas in deinem Leben so sehr gewünscht hast, dass du es plötzlich überall entdeckt hast? Eine Frau beispielsweise, die unbedingt schwanger werden möchte, wird plötzlich, egal wo sie sich aufhält, nur noch schwangere Frauen sehen. Ein Mann, der sich in einen roten Sportflitzer verliebt hat, wird plötzlich überall sein Traumauto herum fahren sehen. Jemand, der unbedingt glücklich sein will, wird überall glückliche Menschen erblicken.

Glaubst du, das liegt daran, dass plötzlich mehr Schwangere, mehr rote Sportflitzer oder mehr glückliche Menschen existieren? Sozusagen um dir ständig das „Objekt" deiner Begierde vor Augen zu führen und dich wissen zu lassen, was du, zumindest bisher, nicht erreichen kannst? Oder könnte es nicht sein, dass all diese Dinge schon immer da waren, du sie nur nicht so beachtet und wahrgenommen hast, weil du mit anderen Dingen beschäftigt warst?

Wenn man das auf sein gesamtes Leben überträgt, würde das heißen, dass man die Dinge vermehrt wahrnimmt, die gerade im eigenen Fokus liegen. Habe ich große Ängste, bin unzufrieden, unglücklich, frustriert, oder sonst irgendwie schlecht drauf, wie könnte meine Wahrnehmung dann auf positive Dinge gerichtet sein? Ich habe mir die Frage gestellt, ob ich in einem solchen Zustand überhaupt bemerken würde, wenn etwas Schönes passiert, wenn ich einen Grund zur Freude hätte? Oder ist es nicht eher so, dass man dann Blind ist, für Alles andere, was gerade nicht Wichtiger erscheint, als das Drama, in dem man sich scheinbar befindet?

Und weiter gedacht, wenn man tatsächlich Scheuklappen trägt, kann man dann überhaupt verlässliche Aussagen dazu treffen, wie viel Glück oder Unglück man in seinem Leben hat? Das Unglück ist ja nicht das Problem, da wären die Angaben sicherlich verlässlich, aber was ist mit der anderen Seite der Medaille? Irgendwie hat der Gedanke, wie viel Glück, Freude und tolle Dinge schon unbemerkt an mir vorbeigezogen sind, mich sehr beunruhigt.

Wie man es dreht und wendet, irgendwie führen, in meinem Model, alle Hinweise immer wieder auf die eigene Energie, die eigene Schwingung zurück. Schauen wir uns diesen Punkt also nochmal genauer an.

Gedankenkontrolle

Da ich immer wieder auf die Energien und die Schwingungen, und ihre direkte Auswirkung auf unser Leben, gestoßen bin, lag natürlich die Frage nah, wie sie zu beeinflussen sind. Denn selbstverständlich wäre das der logische nächste Schritt, nicht wahr? Wenn man für sich selbst akzeptiert hat, dass die Qualität dieser Schwingung unmittelbar mit der Qualität des eigenen Wohlbefindens und des Leben zusammenhängt, dann möchte man selbstverständlich die Kontrolle darüber erhalten.

Was dann auch das Stichwort für dieses Thema wäre: „Kontrolle".

Wie ich schon berichtet habe, können wir durch Taten Energien verändern. Eis zu Wasser schmelzen, ein Stück rohes Holz zu einem Möbelstück verarbeiten, aus rohen Nahrungsmitteln eine verdauliche Mahlzeit bereiten und so weiter. Dies hilft uns auf der rein materiellen Ebene, Schwingungen so zu beeinflussen, dass sie uns nützlich sind.

Die Wissenschaft, genauer gesagt die Quantenphysik ist inzwischen der Auffassung, dass auch unsere Gedanken und Gefühle aus energetischen Schwingungen bestehen, die prinzipiell ähnliche Eigenschaften aufweisen, wie Diejenigen, die wir durch Taten beeinflussen. Was dann im Umkehrschluss heißt, wenn es mir möglich ist, die Energie durch Tat zu verändern, muss es auch über Gedanken und Gefühle möglich sein, richtig?

Wie schon festgestellt, scheinen die Menschen sich, aus den unterschiedlichsten Gründen, eher im unteren Bereich unserer zugrundeliegenden Skala zu befinden. Welche Auswirkungen das hat, haben wir ebenfalls geklärt. Nun ist also die große Frage, wie komme ich, als Mensch, in den oberen Bereich dieser Skala?

Nehmen wir bei unseren Überlegungen mal einen einfachen Gedanken als Grundlage. Ein Gedanke an sich, hat eine enorme Kraft, entsprechend wirkt sich daher auch die Schwingung aus. Du kennst das sicherlich, wenn dir ein Gedanke im Kopf herumschwirrt, den du einfach nicht wieder los wirst, von dem du dich nicht ablenken kannst, der ständig in aus irgendeiner Ecke wieder hervorgekrochen kommt um dich zu nerven.

Du kannst diesem Gedanken und somit auch der Frequenz, die er in sich trägt, nicht entkommen.

Nun passieren im Grunde genommen zwei Dinge, mehr oder weniger parallel. Zum Einen, hast du einen sehr aufmerksamen Zuhörer in Dir, der alles ungefiltert und als vollkommene Tatsache aufnimmt: Dein Unterbewusstsein. Dein Unterbewusstsein ist sozusagen die Steuereinheit in dir.

Von hier aus werden viele Prozesse gesteuert, die sich unmittelbar auf dich, dein Wohlbefinden und deinen Körper auswirken. Dies geschieht ganz automatisch und wir können es nicht unterbinden oder willentlich beeinflussen. Viele natürliche Funktionen deines Körpers werden von hier aus geregelt, Hormone und bestimmte Nerven zum Beispiel.

Diese Steuerzentrale nimmt also jeden deiner Gedanken als Tatsache in sich auf und leitet die entsprechenden Prozesse ein, die notwendig erscheinen. Das Unterbewusstsein kann allerdings nicht zwischen wahr oder unwahr oder zwischen positiv und negativ entscheiden. Was auch immer du ihm „sagst", wird es als reine Information verarbeiten.

Wenn du nun einen negativen Gedanken hast, wird es ihn wahrnehmen und entsprechend darauf reagieren, ohne zu hinterfragen und vor Allem ohne zu widersprechen.

Für unser Gedankenspiel nehmen wir mal die Aussage: „Ich bin ein Idiot". Ich bin sicher, dass haben wir uns alle schon oft genug um die Ohren gehauen, um es zu einem nachvollziehbaren Beispiel zu machen. Also, du sitzt da und denkst dir, dass du ein Idiot bist. In diesem Moment wertest du dich selbst ab, also ein negatives Gefühl, dass sich irgendwo im Spektrum der Angstskala befindet. Dein Unterbewusstsein nimmt diese Information auf, sagt: „Alles klar, ich habe verstanden, ich bin ein Idiot" und setzt die notwendigen Hebel in Bewegung, die dich erstens, in die gewünschte Stimmung und zweitens in den gewünschten körperlichen Zustand versetzen werden.

Je öfter du dir selbst eine solche Botschaft sendest, desto schneller werden diese ganzen Dinge in Gang gesetzt, bis sie irgendwann zu einem Automatismus werden und sowohl Du als auch dein Körper, als auch dein Unterbewusstsein gelernt haben und wissen, dass du ein Idiot bist.

Jeder Mensch denkt im Durchschnitt etwa 60.000 bis 80.000 Gedanken am Tag. Manche Studien gehen davon aus, dass ca. 80% davon eher negativ sind und sich bis zu 95% davon immer wiederholen.

Erkennst du das Problem daran? Wir programmieren uns praktisch selbst negativ und tragen die entsprechende Schwingung in uns. Mein Denkansatz war, was in die eine Richtung funktioniert, muss logischerweise auch in die andere Richtung klappen. Also wäre ein Ansatz, um sein Leben und sein Wohlbefinden zu verbessern, zu lernen seine Gedanken zu kontrollieren und mehr positive Gedanken zu denken. Ganz einfach, oder?

Natürlich wird es nicht reichen, wenn du nur ein oder zweimal einen positiven Gedanken zwischen den ganzen negativen Input streust. Diese ganzen Programmierungen auf die niedrigen Schwingungen, haben uns viele Jahre harte Arbeit gekostet, es ist daher davon auszugehen, dass eine Veränderung ebenfalls seine Zeit brauchen wird. Beruhigend ist aber, dass positive Energie stärker wirkt, man daher weniger davon braucht. Stell dir mal vor, du würdest es schaffen, deine ganzen negativen Gedanken in etwas Positives zu wandeln. Dein eigenes Selbstbild würde sich verändern, Deine Stimmung würde sich heben, Deine Körperfunktionen würden sich beruhigen oder verbessern und Deine Lebensqualität wäre deutlich gesteigert. Verrückt, dass dies einzig und allein über Gedanken möglich sein soll, oder? Dies wäre aber die logische Konsequenz, wenn man diese Theorie nicht als Blödsinn abtun möchte.

Wenn du einen negativen Gedanken oft genug denkst, wird er zu deiner ganz eigenen Wahrheit werden, er wird dir in Fleisch und Blut übergehen, vollkommen automatisiert. Du wirst entsprechend denken, fühlen und meistens auch handeln. Ich sehe keinen Grund, warum dieses Phänomen nicht auch auf positive Gedanken zutreffen sollte.

Was uns zum zweiten Punkt der Thematik bringt. Energien oder eben jene Impulse, die sie in sich tragen, interagieren untereinander. Stell es dir wie einen Radiosender vor. Du hast deinen Sender auf einer bestimmten Frequenz eingestellt und empfängst daher auch nur die Sendungen, die auf der selben Frequenz liegen.

Wenn du dich also lange genug negativ programmiert hast, wirst du das entsprechende Programm auch empfangen. Dein System ist dann nicht in der Lage, andere, positive Impulse aufzunehmen, zu erkennen und zu verarbeiten. Und was noch Schlimmer ist, du selbst sendest ja auch und wirst von Anderen empfangen.

Ein weiteres der Naturgesetze, die diesem ganzen Model als Grundlage dienen, ist das Gesetzt der Anziehung. Und im Wesentlichen wird da genau das beschrieben, was ich oben aufgeführt habe. Da die Sender/Empfänger Sache sich auf Taten, Gedanken und Gefühle im Gesamten bezieht, erklärt sich dadurch, warum unser Leben meist einem bestimmten Muster unterliegt. Warum uns viele Dinge immer wieder geschehen, egal wie sehr wir versuchen etwas zu verändern.

Wir senden und empfangen einfach auf der „falschen" Frequenz, weil wir uns jahrelang zum Einen selbst, zum Anderen von Außen beeinflusst, darauf programmiert haben. Wie könntest du erfolgreich sein, wenn dein ganzes Wesen davon überzeugt ist, ein Idiot zu sein, der Nichts auf die Reihe bekommt? Wie könntest du eine liebevolle Partnerschaft führen, wenn du selbst davon überzeugt bist, dass du nicht gut genug und nicht wertvoll genug bist? Wie könntest du glücklich und zufrieden sein, wenn du mit All deinem Sein weißt, dass du allen Grund dazu hast unglücklich zu sein?

Meine These lautet daher: Wenn wir lernen unsere Gedanken zu kontrollieren und sie in einen positiven Schwingungsbereich bringen, dann werden wir die entsprechenden Impulse auch empfangen und aussenden können. Dies kann, wenn man diesem Naturgesetz Glauben schenkt, nur zu einem einzigen Ergebnis führen. Nämlich, dass sich unser Wohlbefinden und sowohl unsere innere als auch unsere äußere Welt deutlich verbessern.

Der Schlüssel liegt daher darin, die Programmierungen, die wir unser Leben lang an uns selbst vorgenommen haben, zu überschreiben, was jede Menge Arbeit bedeutet, aber der Mühe definitiv wert sein dürfte.

Und ich glaube, es gäbe noch einen weiteren höchst willkommenen Nebeneffekt: Das Leben besteht unzweifelhaft aus schönen und unschönen Dingen, aber, wie schwer treffen uns die negativen Seiten noch, wenn wir generell eher auf einer positiven Welle schwingen? Wenn ich schöne Erlebnisse nicht so wirklich würdigen oder erkennen kann, weil ich mich auf einer niedrigen Schwingung bewege, dann müsste dies doch auch umgekehrt gelten, oder?

Stell Dir einfach mal diese Fülle an neuen Möglichkeiten vor, die sich ergeben würden, wenn wir lernen würden, unsere Gedanken soweit zu kontrollieren, dass uns „negative" Begebenheiten nicht mehr aus der Bahn werfen. Wir wären so viel stärker, leistungsfähiger und entspannter, weil wir die Sicherheit hätten, dass die Sonne bald wieder aufgehen wird.

Positive Affirmationen

Die Zauberformel, die uns helfen kann, unsere Gedanken zu kontrollieren und positiv zu beeinflussen, heißt: positive Affirmation.

Im Grunde genommen handelt es sich um Nichts anderes, als um eine positiv formulierte Aussage, die wir uns immer wieder und wieder vorsagen. Solange, bis unser Unterbewusstsein sie zu einem Automatismus hat werden lassen, er uns also in Fleisch und Blut übergegangen ist.

Eine solche Aussage sollte allerdings mit Bedacht gewählt werden, damit sie auch wirklich den gewünschten Effekt erzielt.

Nehmen wir mal an, du fühlst dich einsam, und wünschst dir einen neuen Freund. Nun wäre der normale Gedankengang, zumindest bei den meisten Menschen: „Ich will nicht mehr einsam sein, ich will einen Freund finden."

Was könnte an dieser Aussage falsch sein? Erinnerst du dich noch an das Beispiel mit dem Krieg, dass wir vor einigen Seiten hatten? Hier liegt dasselbe Problem vor.

Bei dieser Aussage konzentrierst du dich auf ein negatives Gefühl, du willst nicht mehr einsam sein. Deine Gedanken folgen dieser Aussage und werden die entsprechenden Impulse aussenden und empfangen. Was ist daher die logische Konsequenz? Richtig, noch mehr Einsamkeit, denn für etwas Anderes hast du nicht die geeignete Empfangsstation bereitgestellt.

Formulierst du diesen Gedanken jedoch positiv um, beispielsweise in: Ich freue mich, dass ich einen neuen Freund gefunden habe und wir viele gemeinsame schöne Erinnerungen schaffen", dann veränderst du die Schwingungsfrequenz und hast deutlich bessere Chancen auf Erfolg.

Im Übrigen ist dies keine neue oder besonders innovative Methode. Sie wird zwar nicht wortwörtlich, aber zumindest sinngemäß in einem der ältesten Bücher unserer Geschichte wiedergegeben. Dort ist nämlich zu lesen, dass ein gewisser Jemand, der sehr großen Einfluss auf uns Menschen und unser Weltbild hatte, sagte:

„Darum sage ich euch: Alles um was ihr betet und bittet, glaubt nur, und ihr werdet es empfangen."

Oder: „Nach Eurem Glaube geschehe Euch"

Natürlich bin ich sicher, es wird unzählige Interpretationsmöglichkeiten dieser Aussagen geben. Aber, wenn man sie wortwörtlich nimmt, so wie es ja gerne, bei diesem Buch getan wird, dann sagt es mir doch ganz klar, dass ich alles erreichen und bekommen kann, wenn ich fest daran glaube, oder? Das Gott oder das Universum oder wie auch immer man diese Wesenheit nennen möchte, uns unsere Wünsche erfüllen wird, wenn ich nur darauf vertraue und selbst daran glauben kann.

Um jedoch darauf zu vertrauen und daran glauben zu können, muss ich meine innere Einstellung ändern. Ich müsste zunächst aus dem negativen Bereich hinaus kommen und dafür sorgen, dass ich mich im positiven Bereich aufhalte. Wenn ich es geschafft hätte, mein Unterbewusstsein entsprechend zu trainieren und meine Gedanken zu kontrollieren, wird sich automatisch auch das dazu passende Gefühl einstellen. Denn wenn ich glaube das es mir gut geht, werde ich mich sicher auch entsprechend fühlen, oder?

Nehmen wir daher an, ich denke positiv, es ist mir in Fleisch und Blut übergangen und ich fühle mich entsprechend positiv. Ich erwarte daher nicht mehr nur das schlechteste von einer Situation, sondern habe meinen Fokus auf positive Dinge gelenkt. Folglich würde ich das Negative nicht mehr so stark wahrnehmen, wohingegen das Schöne automatisch mehr in den Vordergrund gerät. Wenn ich diesen Zustand erreicht hätte, würde ich eine andere Ausstrahlung haben und folglich dazu passende Dinge anziehen. Sender und Empfangsgerät wären aufeinander abgestimmt.

Und jetzt? Jetzt kann ich alles bekommen, was ich mir wünsche, steht ja schließlich so in dem alten Buch, oder? Also, ich wünsche mir viel Geld, ein schickes Auto, Erfolg als Autorin, eine bombastische Weltreise, viele neue Freunde, eine glückliche Ehe und obendrauf möchte ich bitte noch wunderschön und unwiderstehlich sein. So, Liste fertig, Augen zu, ganz fest dran glauben und...

Und Nichts geschieht - doch alles nur Schwindel? Nein, ganz so einfach ist es nicht. Ich befürchte, so verbreitet die Methode, der positiven Affirmationen, inzwischen weltweit geworden ist, so unterliegt sie doch einem kleinen Missverständnis, welches immer wieder zu Frust und Enttäuschung sorgen dürfte.

Es ist vom Grundsatz her nicht falsch, dass du Alles erreichen kannst, was du dir wünschst. Aber und da liegt die offensichtliche Schwachstelle: Dafür musst du etwas tun. Natürlich taucht nicht plötzlich, aus heiterem Himmel, ein Sack Geld vor Deiner Tür auf. Du wachst auch morgens nicht auf und hast über Nacht eine Metamorphose von der Raupe zum Schmetterling vollzogen. Und so leid es mir ja auch tut, aber der Traumpartner wird höchstwahrscheinlich nicht plötzlich neben dir liegen.

Das führt uns zu der Frage, wie erreichen wir ein Ziel? Als erstes ist da der Gedanke, in unserem Fall, jetzt endlich, ein positiver. Wenn wir eine Weile darüber nachgedacht haben, stellt sich plötzlich das entsprechende Gefühl dazu ein.

Wenn wir uns dann so richtig gut fühlen, motiviert sind und voller Überzeugung sind, dass wir Alles schaffen können, dann kommt der nächste Schritt: Wir wollen und müssen etwas tun. Und an diesem Schritt scheitern die meisten Derjenigen, die an dieser Methode gescheitert sind und sie daher als Unfug abtun. Wobei, meist scheitern sie schon einen Schritt vorher, weil sie sich zwar etwas wünschen, also daran denken, aber es nicht schaffen, auch das entsprechende Gefühl hervor zu bringen, weil sie letztendlich wahrscheinlich noch nicht vollends überzeugt von ihrem eigenen Gedanken waren. Aber zurück zum Thema.

Diese höhere Macht, wird dir nicht plötzlich all die Sachen vor die Tür stellen, die du bestellt hast. Sie ist schließlich kein Lieferservice. Wo bliebe denn da auch der Spaß? Wenn du dich hinsetzen und dir beliebig alles, wie aus einem Katalog bestellen könntest, worin würde dann noch der Sinn deines Lebens bestehen? Wo wäre die Herausforderung und wo der Erfolg?

Ich kann mir natürlich wünschen, eine erfolgreiche Autorin zu sein, wird aber schwierig, wenn ich mich nicht hinsetze und erst mal ein Buch schreibe. Ich kann mir wünschen viele neue Freunde zu finden, aber wie soll mir dieser Wunsch erfüllt werden, wenn ich mich nicht aus meiner Wohnung hinaus bewege? Ich kann mir wünschen einen tollen Job zu haben, in dem ich erfolgreich bin, aber wo soll der herkommen, wenn ich mich nicht bewerbe?

Auf den ersten Gedanken und das dann folgende Gefühl, kommt also zwingend eine Tat. Und jetzt passiert die Magie, auf die wir gewartet haben. Denn ich habe eine positive Grundstimmung angenommen, ich denke und fühle absolut positiv und voilà, ich sende auf der positiven Frequenz und ziehe die Dinge an, die ich brauche um meinem Ziel näher zu kommen. Ich möchte Geld, ich werde Möglichkeiten geboten bekommen, es zu erhalten. Ich möchte neue Freunde, ich werde auf Menschen treffen, die zu mir und dem was ich ausstrahle passen. Ich möchte eine erfolgreiche Autorin sein, also ich finde ein Thema, über das ich schreiben kann und schreibe ein Buch.

In jedem Fall, ist eine Tat, meinerseits, von Nöten. Durch die Gedanken, die Gefühle und letztendlich die Tat, fokussiere ich mich auf mein Vorhaben und werde, durch das Senden/Empfangen Prinzip plötzlich auf Möglichkeiten stoßen, die mir sonst vielleicht gar nicht aufgefallen wären. Oder ich wäre bestimmte Risiken nicht eingegangen, weil ich zu große Angst verspürt hätte.

Es ist utopisch daran zu glauben, dass wir den Katalog vorgelegt bekommen und bestellen können, was uns gerade in den Sinn kommt.

Denn, alles ist Ausgeglichen, alles ist im Gleichgewicht. Oder, um in der allgemein vorherrschenden Schwingung zu bleiben: Alles hat seinen Preis.

Das Problem liegt also nicht darin, dass wir bestimmte Dinge nicht erreichen oder erhalten können, sondern darin, dass wir dazu erst einmal selbst auch etwas tun müssen. Und da ja in meiner Theorie, alle Schwingungen miteinander interagieren, ist dies auch absolut logisch. Ich ziehe an, was ich aussende. Heißt, wenn ich bereit bin etwas zu geben, werde ich auch etwas erhalten. Und je mehr ich gebe, desto mehr werde ich davon anziehen. Wer nur nimmt, wird entsprechend dasselbe anziehen, es wird von ihm genommen werden.

Ich will aber

Nun sind wir in meiner These soweit gekommen, dass wir zumindest in der Theorie wahrnehmen, dass wir selbst die Verantwortung für unser Leben tragen können und wahrscheinlich auch sollten. Und das wir längst nicht so machtlos sein dürften, wie wir es im Allgemeinen annehmen.

Wir haben uns also hingesetzt und unsere Wünsche formuliert, uns entsprechend vorbereitet und schreiten zur Tat.

Irgendwann kommen wir an einen Punkt, an dem wir bemerken, dass wir irgendwie nicht dort ankommen, wo wir hinwollen. Das wir ein bestimmtes Ziel einfach nicht erreichen, egal was wir auch versuchen. Haben wir versagt, oder ist das System doch nur ein Trugschluss?

Auch dazu habe ich eine These, für die wir allerdings weiter ausholen müssen. Diese lautet: Du wirst nicht immer bekommen, was du willst, aber immer das, was du brauchst.

Das widerspricht im ersten Moment, dem ganzen vorherigen Kapitel, oder? Ja und nein...

Dazu müssen wir uns das Leben insgesamt genauer betrachten. Am Anfang des Buches habe ich meine Theorie vorgestellt, dass Jeder von uns ein Teil des großen Ganzen ist. Jeder hat seine eigenen Aufgaben, Pläne und Ziele, die er hier verwirklichen will und muss. Warum das so ist, dazu kommen wir im nächsten Kapitel. Vorab muss diese Information erst einmal ausreichen.

Wir kommen also mit bestimmten Zielsetzungen in dieses Leben. Die meisten davon werden uns nicht bewusst sein, da wir keine Erinnerungen haben, was uns hierher geführt hat. Entsprechend bewegen wir uns mehr oder weniger im Blindflug, was unsere irdische Existenz anbelangt. Trotzdem wird uns unser Unterbewusstsein, unsere Intuition oder auch diese innere Stimme, immer wieder in bestimmte Richtungen lenken. Wir versuchen also unbewusst, irgendwie auf Kurs zu bleiben, auch wenn es manchmal gar nicht zu erklären ist, warum wir bestimmte Dinge tun oder Entscheidungen treffen.

Dann gibt es aber noch den bewussten Teil, unseren Geist. Dieser wurde von unserer Welt unserer Gesellschaft geprägt und ist den irdischen Dingen entsprechend zugetan. Es kann also durchaus vorkommen, dass wir uns etwas wünschen, weil es unserem Geist gefällt, was aber gleichzeitig im Widerspruch zu unserer eigentlichen Zielsetzung steht. Wie könnte man diesen Konflikt also lösen? In meiner Theorie gehe ich davon aus, dass unser Inneres den Plan kennt, unser Geist oder unser Ich in dieser Welt, aber durchaus andere Pläne haben kann. Dies wird auch von den gegebenen Lebensumständen abhängen. Leider könnte ich mir vorstellen, dass diese beiden Seiten hin und wieder in vollkommen unterschiedliche Richtungen wollen.

Da unser eigentliches Wesen oder unsere Seele, in ihrer ursprünglichen Form, eine sehr viel höhere Schwingung haben dürfte, als unser irdischer Geist oder Intellekt, ist davon auszugehen, dass sie schlicht und ergreifend am längeren Hebel sitzt. Sie hat also durchaus die Macht und wird diese mit ziemlicher Sicherheit auch nutzen, dafür zu sorgen, dass wir zumindest ganz grob auf dem vorgesehen Weg bleiben. Das kann ziemlich frustrierend sein, wenn man bedenkt, wie viel Mühe und Arbeit manchmal in der Erreichung eines Ziels stecken, dass man trotzdem niemals erreichen wird.

Wenn ein Weg richtig ist, dann wird die Umsetzung uns vergleichsweise leicht fallen. Wie aus dem Nichts öffnen sich die richtigen Türen, fügen sich auf wundersame Weise die passenden Gegebenheiten. Wenn ein Weg falsch ist und uns vom eigentlichen Ziel abbringt, dann können wir zetern und toben und werden trotzdem nicht das erhalten, was wir uns wünschen.

Man könnte also sagen, dass wir uns selbst in gewissem Sinne boykottieren. Das dies nicht unbedingt was Schlechtes bedeuten muss, wird einem schnell klar, wenn man sein Leben mal reflektiert. Jeder findet solche Situationen in seinem Werdegang. Beispielsweise die Trennung von einem Partner, den man unbedingt zurück wollte. Wie Schlimm war dieser Schmerz, wie sehr hat man gelitten und sich bemüht, das Objekt der Begierde zurück zu erobern, häufig entgegen aller Vernunft. Und dann schaut man mit dem entsprechenden Abstand nach ein paar Jahren auf diese Situation und ist plötzlich heil froh, dass es kein Zurück gab. Vielleicht fällt einem auf, das der Ex Partner so gar nicht zu einem gepasst hat, oder einen ganz anderen Weg eingeschlagen hat, als man selbst. Man wird vielleicht auch feststellen, dass man sich gegenseitig blockiert hat oder gar nicht so glücklich war, wie man sich das mühsam eingeredet hat. In der Situation der Trennung hättest du also ausnahmslos alles in Kauf genommen, um diesen Menschen nicht zu verlieren, dennoch bist du Jahre später froh darüber, dass du ihn verloren hast und erkennst den Sinn darin. Es gibt sicher auch unzählige andere Beispiele, in deinem eigenen Leben, wenn du dich mal in Ruhe hinsetzt und sie anschaust.

Ich bin daher zum dem Schluss gekommen, dass es sinnvoll ist, dass man manche Dinge nicht bekommt und das es dafür triftige Gründe gibt. Auch wenn man diese noch nicht kennt. Was in solchen Momenten aber weiterhilft, ist der Gedanke daran, dass dies nicht geschieht, um uns zu ärgern, sondern um uns zu schützen und auf dem richtigen Kurs zu halten.

Abgesehen davon, heißt es ja nicht, dass man diesen Wunsch tatsächlich niemals erreichen kann. Je nach Situation taucht der Gedanke daran, ja nicht grundlos auf. Es kann also durchaus sein, dass die Umsetzung irgendwo auf dem Weg noch vorgesehen ist. Nur vielleicht eben noch nicht jetzt, in diesem Moment. Vielleicht fehlt noch ein Baustein in der persönlichen Entwicklung, vielleicht stimmen die äußeren Gegebenheiten noch nicht. Oder aber, eine Umsetzung wäre jetzt hinderlich, in einem anderen Lebensabschnitt würde es passen oder zumindest nicht ungünstig für deine Entwicklung sein.

Ich denke, eine gute Orientierungshilfe hierbei könnte sein, wie erfolgreich man im jeweiligen Vorhaben ist. Geht es leicht und praktisch von selbst, kann man davon ausgehen, dass es richtig so ist. Funktioniert es gar nicht und ist ein einziger Kampf, ohne Aussicht auf Erfolg, dann wäre die logische Reaktion darauf, es für den Moment gut sein zu lassen und sich anderen Dingen zu widmen. Geht es so nebenbei, fühlt sich also eher Neutral oder als Randerscheinung an, dann hat es höchstwahrscheinlich keinen großen Nutzen, aber richtet zumindest auch keinen Schaden an.

Ich glaube, lernt man auf sein Bauchgefühl oder die innere Stimme zu hören, dann bekommt man mit der Zeit ein ganz gutes Gefühl dafür, was der Mühe wert ist und wovon man, zumindest für diesen Moment, die Finger lassen sollte. Und mit der passenden positiven Grundstimmung, die wir ja in diesem Model herausgearbeitet haben, sollte es nicht allzu schwer fallen, einen Wunsch los zu lassen. Zum Einen weil wir wüssten, dass es nicht sein soll und sinnlos ist, gegen unserer inneres Wesen zu kämpfen, wir werden so oder so unterliegen und müssten dann unter Umständen mit entsprechenden Konsequenzen leben. Zum Anderen, weil wir darauf vertrauen würden, dass wir immer zur richtigen Zeit erhalten, was wir brauchen und es daher nicht notwendig ist etwas erzwingen zu wollen.

Wobei ich diesen Gedanken, im Kontext zu dem Gesamtkonzept wirklich amüsant finde. Wir haben herausgearbeitet, dass wir ein Teil dieser allmächtigen, allwissenden höheren Macht sein könnten, und entsprechend ihre Fähigkeiten, im Kern unseres Wesens, in uns tragen. Folglich versuchen wir, in dem Moment, in dem wir etwas erzwingen wollen, unserer Seele unseren irdischen Willen aufzudrücken, ein durchaus interessanter Versuch.

Einmal ist Keinmal

Eine der größten Fragen, die die Menschen bewegen dürfte, ist wohl, ob wir nur ein Leben haben oder vielleicht des Öfteren hier vorbei schauen. Je nach Lehre gibt es hierzu unterschiedliche Ansätze, die ziemlich konträr sind. Während die Einen davon ausgehen, dass wir nur einmal in diese Welt kommen und uns danach das Paradies, oder mit viel Pech auch die Verdammnis, erwartet, gehen andere Glaubensrichtungen davon aus, dass wir uns in einem schier endlosen Kreislauf von Leben und Sterben befinden. In meiner Theorie gehen wir davon aus, dass wir tatsächlich nicht nur ein einziges Mal in diese Welt hinein geboren werden.

Ich will dir erklären, warum ich zu diesem Schluss gekommen bin. Mal abgesehen davon, dass es inzwischen unzählige, gut dokumentierte Fälle gibt, in denen Menschen, sehr detailliert aus ihren früheren Leben berichten konnten, glaube ich, das es eine logische Konsequenz aus der zugrundeliegenden Gesamttheorie ist.

Ich werde versuchen, ein sehr vereinfachtes Bild zu erschaffen, um zu verdeutlichen, wie ich zu meinem Ergebnis kam. Es ist sicher nicht vollständig oder lückenlos, aber ich glaube relativ leicht nachzuvollziehen.

Gehen wir davon aus, dass dieses Wesen, dass wir mal vorsichtig Gott nennen wollen, ein Wesen ist, dass einen komplexen Gesamtorganismus darstellt, von dem wir ein Teil sind. Und wie wir weiter festgestellt haben, besteht dieser Organismus aus reiner Energie, in ihren unterschiedlichsten Formen, wovon wir eine Schwingungsform sind. Dieser Organismus lebt, durch die Veränderung der Energien, die aber weder mehr noch weniger werden kann. Soweit waren wir ja schon am Anfang des Buches.

Logischerweise müsste daher, meiner Auffassung nach, ein energetischer Kreislauf entstehen, ähnlich wie wir ihn auch aus unserer weltlichen Natur kennen. Die Erde lässt ein Samenkorn wachsen, das Samenkorn wird eine Pflanze, die Pflanze wird von einem Lebewesen gefressen, das Lebewesen scheidet unbrauchbare Bestandteile aus, die die Erde anreichern und den Nährboden für neue Pflanzen entstehen lässt. Oder das Lebewesen stirbt, und die sterblichen Überreste werden ebenfalls wieder in diesen Kreislauf aufgenommen.

Wenn wir diesen Zyklus auf die energetische Ebene übertragen, dann kämen wir zu folgendem Bild: Eine Seele hat eine sehr viel höhere Grundschwingung, als wir Menschen es im Gesamten haben. Sie wird in diese Welt geboren, verändert also ihre Schwingung, sie verbleibt einige Zeit

hier und trägt ihren Teil dazu bei, um den Organismus mit Energie zu versorgen. Irgendwann,
wenn der Körper sein Leben gelebt hat und in
den natürlichen Kreislauf des Lebens zurückkehrt,
wird sie dann aber schlussendlich wieder ihren
ursprünglichen Zustand annehmen.

Wenn der Gesamtorganismus also nur eine ge-
wisse Menge an Ressourcen zur Verfügung hat
und davon lebt, dass diese in Bewegung bleiben
und sich wandeln, dann wäre es doch irgendwie
eine Verschwendung, wenn er jeden Teil von sich,
der schon einmal in dieser Welt war, zurückbe-
halten und nicht wieder losschicken würde, oder?
Anders ausgedrückt, würde der Kreislauf sich an
diesem Punkt dann selbst unterbrechen. Klar
könnte man jetzt argumentieren, dass ja ein anderes Teilchen als Seele losgeschickt werden
könnte. Da aber nun mal nur eine begrenzte
Menge an Energie vorhanden ist, würde trotzdem
irgendwann eine Wiedergeburt unausweichlich
sein. Vor Allem, wenn man bedenkt, das ein nicht
eben geringer Teil, der vorhandenen Energien,
hier auf dieser Welt gebunden ist, in Form von
Allem, was wir hier vorfinden. Diesen Anteil hätte
der Organismus daher nicht frei zur Verfügung,
was die nutzbaren Kapazitäten einschränkt.

Deswegen scheint es mir plausibler, das die
vorhandenen Ressourcen effektiv genutzt werden
und ich habe keinen Zweifel, dass ein so hoch-

komplexes Wesen, wie wir es dieser Allmacht zuschreiben, weiß, wie es sein Überleben sichert und sinnvoll, mit dem, was ihm zur Verfügung steht, haushaltet.

Man könnte also insgesamt zu dem Schluss kommen, dass unser Universum aus verschiedenen Lebenskreisläufen besteht. In unserer materiellen Welt erleben wir den natürlichen Kreislauf, auf energetischer Ebene scheint ein ebensolcher zu bestehen.

Für mich tauchte an dieser Stelle allerdings noch eine weitere Frage auf. Könnte es sein, dass es noch mehr solcher Kreisläufe gibt und bilden sie in ihrer Gesamtheit dann das „Leben" dieser Wesenheit? Ich habe versucht mir dazu ein Bild von dem Wesen vorzustellen, was naturgemäß schwierig ist, da ich glaube, dass unser Gehirn solchen Dimensionen nicht gewachsen ist.

Nichts desto trotz möchte ich versuchen, das mal zu skizzieren. Ein Wesen, besteht nach unserer Definition, aus Körper, Geist und Seele. Alle diese Anteile bilden ein Gesamtes und jeder von ihnen hat seine eigenen Grundbedürfnisse und Eigenschaften. Wenn ich mir nun unser Universum, als ein Gesamtes vorstelle, könnte es doch sein, dass wir auch hier ähnliche Anteile vorfinden würden, oder? Schließlich wurden wir, der allgemeinen Auffassung nach, nach seinem Ebenbild geformt.

Wenn wir die materielle Welt und damit meine ich nicht nur unseren Planeten, sondern alles was existiert, als „Körper" definieren würden. Als körperliche Ebene, dann hätten wir hier einen Kreislauf, der das Leben und Überleben symbolisieren würde.

Wenn wir die Energien, die in allen Dingen und Wesen vorhanden sind, zu einer Einheit zusammenfassen würden, dann könnte man dieser den Namen „Gesamtseele" geben. Dies würde erklären, warum die Energieebene ein weiterer Lebenskreislauf des Organismus bildet, oder?

Nun, um beim Bild unseres Körpers, wie wir ihn verstehen, zu bleiben, fehlt uns aber noch eine weitere Ebene, die des Geistes. Es könnte doch sein, dass wir da auf die Ebene der Ereignisse bzw. Erfahrungen kommen, oder? Wenn wir mal schauen, was unseren eigenen Geist ernährt, dann sind das Dinge wie Erfahrungen, Gefühle, Erinnerungen, Wissen, Lernen, Wachstum, Interaktionen mit anderen Lebewesen und so weiter. Das alles ist die Nahrung unseres Geistes. Überträgt man dies auf den Gesamtorganismus, würde das heißen, dass ALLES was auf dieser Welt geschieht, die Grundlage für diesen Geist darstellt. Egal ob ein Stein einen Hügel runter rollt, ein Huhn ein Ei legt, eine Naturkatastrophe über uns hereinbricht, oder ein Mensch irgendeine beliebige Tat begeht. Von all dem würde der Geist zehren.

Ich weiß, es ist ein sehr vereinfachtes Bild, dass diesem Wesen sicher nicht mal im Ansatz gerecht wird, aber wie schon erwähnt, glaube ich nicht, dass wir in unserem derzeitigen Zustand in der Lage sind, das Gesamtbild vollständig zu erfassen, geschweige denn zu begreifen. Ich bin mir aber ziemlich sicher, dass das Universum mir meinen laienhaften Versuch verzeihen wird.

Unser Leben, wäre also in zwei Kreisläufen, dem des Körpers und dem des Geistes absolut unverzichtbar. Mir schien es logisch, dass wir auch im dritten Kreislauf, dem der Energien, also der Seele vorhanden sein müssen. Und damit halte ich es für ausgeschlossen, dass es nur ein Leben geben kann.

Schulbank drücken

Im Allgemeinen, vertreten Diejenigen, die an Inkarnationen, also die Wiedergeburt, glauben, die Ansicht, dass wir in diese Welt geboren werden um, grob zusammengefasst, zu lernen. Man könnte es sich ein bisschen so vorstellen, als würden wir zur Schule gehen. Wir kommen also mit bestimmten Aufgaben und Zielen hierher, die wir erfüllen wollen, um das „Klassenziel" zu erreichen.

Wenn wir die komplette Schulzeit überstanden haben, was hunderte von Leben dauern kann und wird, haben wir uns, je nach Glaubensrichtung, entweder einen Platz in der geistigen Welt verdient, oder haben den Rang der „Erleuchtung" erlangt und müssen ebenfalls nicht wieder in ein Erdenleben zurückkehren.

In diesen Lehren wird weiterhin davon ausgegangen, dass die Seelen unterschiedliche „Alter" bzw. Entwicklungsstufen haben und dies der Grund dafür ist, dass nicht jede Seele dieselben Chancen, zur selben Zeit hat, um bestimmte Ziele zu erreichen. Eine junge Seele ist natürlich noch nicht soweit, sie hat noch viel zu lernen und noch viele Leben vor sich, um zum Endziel und zur Erleuchtung zu gelangen.

Was mich an dieser Theorie immer schon ein bisschen gestört hat, waren zwei Dinge: Erstens, lässt sie den Eindruck entstehen, dass wir nicht Alle auf Augenhöhe sind, sondern einige Wenige, etwas Besseres sind, weil sie schon viel mehr Erfahrungen gesammelt haben.

Dies halte ich für gefährlich, denn wer legt fest, wer Höher gestellt ist und wer nicht? Wer kontrolliert die Kompetenzen der Personen, die von sich selbst überzeugt sind, dass sie schon weiter sind und achtet darauf, dass sie ihre Position nicht ausnutzen? Leider ist es erfahrungsgemäß so, dass sich einige dieser Menschen, nicht unbedingt so verhalten, wie es laut ihrem höheren Entwicklungsstand, und der Glaubensrichtung, die sie vertreten, sein müsste.

Wer es nämlich nötig hat, auf Andere herab zu sehen und sie spüren zu lassen, dass sie nicht gut genug sind, der hat meiner bescheidenen Meinung nach, nicht wirklich den Zustand erreicht, den er für sich beansprucht. Ein so weit entwickeltes Wesen hat es nicht nötig, sich hervorzutun und ein anderes Wesen zu be- bzw. verurteilen. Dies wäre auch vollkommen sinnlos, ein Fünftklässler würde sich doch auch nicht mit einem Erstklässler vergleichen, weil ihm bewusst wäre, dass er Diesem vier Jahre voraus hat und daher selbstverständlich besser rechnen, schreiben und lesen kann. Er würde auch nicht auf die

Idee kommen, dem Jüngeren zu erklären, dass nur er ihm zeigen könne, wie er seine Hausaufgaben zu machen hat oder den Stift halten müsse, weil Niemand sonst ihn in diese Geheimnisse einweihen könne.

Damit wird ein Abhängigkeitsverhältnis geschaffen und solche Verhältnisse bringen selten etwas Positives mit sich. Zumindest nicht für den, der in der schwächeren Position ist.

Der zweite Punkt, der mich immer mit Fragezeichen im Kopf zurück ließ, war der, dass ich einfach keine zufriedenstellende Antwort finden konnte, was nach unserer „Schulzeit" kommt. Wir haben uns dann so weit entwickelt und alles gelernt, was es in dieser Welt zu lernen gab, um was genau damit anzustellen? Die Antworten, die die entsprechenden Lehren dazu liefern, fand ich einfach nicht schlüssig. Da ist dann die Rede davon, dass wir in der geistigen Welt verbleiben und uns anderen, neuen Aufgaben widmen.

Also praktisch wieder ab in die Schule, nur auf einer anderen Ebene. Eine mögliche Aufgabe könnte zum Beispiel sein, dass wir als Geistführer, wahlweise auch Schutzengel oder Ähnliches, für die Menschen in unserer Welt arbeiten und diesen Seelen helfen, ihren Weg zu gehen und ihre Schulzeit gut zu überstehen. Oder aber, man könnte von dieser höheren Ebene aus, die Belange in dieser Welt mitgestalten, indem man sich einer Gruppierung von Seelen anschließt, die sich den verschiedensten Aufgaben verschrieben haben, um die Welt zu einem besseren Ort zu machen.

Einige scheinen gar die Vorstellung zu haben, dass es das große Ziel ist, diese Welt zu einer Art Utopia werden zu lassen. Eine Welt ohne Probleme, wo alle Menschen in Harmonie und Frieden leben und sich alles in einer höheren Schwingung und im Zustand der Liebe befindet.

Vor Allem den letzten Punkt, halte ich, zumindest wenn ich mich an mein eigenes Model halte, für ausgeschlossen. Einerseits, weil es nach den herrschenden Naturgesetzen ausgeschlossen ist, einen solchen Zustand jemals zu erreichen. Dies würde dann nämlich bedeuten, dass wir hier den Zustand herstellen, der theoretisch ja in der geistigen Welt herrschen müsste. Vollkommene Harmonie und Eintracht und eine sehr viel höhere Grundschwingung. Abgesehen davon, widerspricht es sich nach meinem Verständnis, wenn wir diese Welt zum Lernen nutzen sollen, aber hier letztendlich dieselben Verhältnisse schaffen, wie sie im Jenseits schon herrschen.

Um auf den Punkt zu kommen, sehr vereinfacht ausgedrückt könnte man festhalten, das viele Lehren von einer Art Schulsystem ausgehen. Und davon, dass es mehrere verschiedene Ebenen gibt auf denen wir, je nach unserer Erscheinungsform, wachsen und lernen müssen, um dann in die nächsthöhere Stufe zu kommen. Bis wir am Ende dann wieder zur ursprünglichen, reinen Energie zurückkehren und uns mit ihr verbinden, also, finden wir im übertragenen Sinne, auch hier zu Gott zurück.

Dieses Bild war lange Zeit das Einzige, mit dem ich mich zumindest halbwegs zufrieden geben konnte. Es sagte mir jedenfalls mehr zu, als der Gedanke, nur ein Leben zu haben und danach, wenn ich es einigermaßen richtig angestellt habe, bei Gott im Paradies zu sitzen und das ewige Leben verdient zu haben. Wobei die Chancen denkbar schlecht waren, weil ich ja nun mal nicht fehlerfrei bin und daher das Risiko bestand, dass der Himmel mir verwehrt bliebe. Ich wurde mit diesem Weltbild nicht so wirklich warm und tat mich schwer damit, die festgelegten Regeln alle zu befolgen.

Je länger ich mich aber mit diesem Model hier beschäftigt habe, desto weniger plausibel erschien mir das ganze Schulsystem. Es gab, zu viele offene Fragen, die sich nicht schlüssig erklären ließen. Also begann ich darüber nachzudenken und habe eine andere Theorie entwickelt, die sich, wie ich finde, recht harmonisch, in das Lebensmodel einbringt, dass sich aufgrund meiner Recherchen und Überlegungen zusammenfügte.

Meine These hierzu lautet also wie folgt: Alle Seelen sind gleich alt, haben aber sehr unterschiedliche Ziele und haben sich entsprechend mit den Fähigkeiten ausgestattet, die ihnen dabei hilfreich sind. Weiterhin stelle ich in den Raum, dass eine Seele, um mit der Quelle verbunden bleiben zu können, nicht im Gesamten in diese Welt kommt, sondern nur ein Teil von ihr seine Schwingung verändert, um sich zu inkarnieren. Der größere Teil jedoch, bleibt in der höheren Ebene. Und zu guter Letzt, sage ich, dass das Leben, wie wir es kennen, keine Schule ist und wir keine Klassenziele erreichen müssen, daher auch nicht gezwungen sind, immer wieder in diese Welt zurück zu kehren, weil wir noch nicht gut genug sind, um unseren Platz in der höheren Ebene verdient zu haben.

Warum ich zu diesen Schlüssen gekommen bin und warum ich auch nicht glaube, dass wir, am Ende, wenn wir fertig „ausgebildet" sind, wieder bei Gott landen, schauen wir uns im nächsten Kapitel mal genauer an.

Kreislaufprobleme

Meinem Gesamtkonzept liegt ja die Annahme zugrunde, dass wir Alle ein Teil des universellen Wesens sind, nur in veränderter Schwingungsform. Der Einfachheit halber, werde ich jetzt nur auf die Position des Menschen eingehen und alle anderen Lebewesen und Dinge, außen vor lassen. Ich befürchte, sonst könnte es zu kompliziert werden und, ich gebe auch offen zu, nicht für Alles konnte ich bisher glaubwürdige Lösungsmöglichkeiten erarbeiten.

Also, der Gesamtorganismus besteht aus drei verschiedenen Kreisläufen, die den Körper, den Geist und die Seele darstellen. Weiterhin nehmen wir an, dass der Mensch in allen drei Kreisläufen eine wichtige Rolle spielt.

Wenn ich nun davon ausgehe, dass ich im ursprünglichen Sinne, eine Seele bin, die ein winziger Teil des allmächtigen Wesens ist, dann stellt sich mir die Frage, warum ich ein solch komplexes Schulsystem brauchen sollte, um etwas zu werden, das ich der Definition nach schon längst bin. Denn meine Seele, in ihrer eigentlichen Schwingung, würde alles in sich tragen, was dieses große universelle Wesen in sich trägt. Und da wir Alle uns darin einig sind, dass wir hier von Allwissenheit, Allmächtigkeit, Allgegenwärtigkeit und Unfehlbarkeit sprechen, bräuchte ich logischerweise Nichts mehr lernen, weil ich all dies von Natur aus schon wäre.

Warum also kommen wir überhaupt in diese Welt? Wir sind ein Teil des Göttlichen, mit all seinen Eigenschaften, der Platz an seiner Seite sollte uns daher sicher sein. Aber, warum sollte ich mir dann diesen Zustand der Unvollkommenheit in einem Erdenleben antun?

Dies könnte zum Einen damit zusammenhängen, dass dieses Wesen leben will. Zum Leben braucht es auf der körperlichen Ebene die körperlichen Prozesse, auf energetischer Ebene die veränderten Energien und auf geistiger Ebene? Da braucht es Erfahrungen, Gefühle, Wissen und so weiter.

Das bringt uns zum zweiten Teil dieses Lösungsansatzes. Stell dir mal folgendes Szenario vor: Du bist reich, ich meine nicht nur ein bisschen wohlhabend, sondern so richtig stinkreich. Es gibt Nichts, was du dir nicht kaufen kannst. Es gibt Niemanden, der in der Lage dazu ist, Nein zu dir zu sagen, weil du einfach genügend Geld in der Tasche hast, um dir selbst wirklich jeden Wunsch, sei er noch so grotesk, zu erfüllen. Es gibt für dich keine Grenzen, du schnippst mit dem Finger und alles wird geschehen.

Hast du dieses Bild vor Dir? Gut! Und jetzt verrate mir, wie lange wird es deiner Meinung nach wohl dauern, bis du realisierst, dass dir Todlangweilig ist? Du bist so reich, es gibt für dich zwar keinerlei Grenzen, aber auch keine Herausforderungen, keine Erfolge, keine Ziele, keine echte Freude. Du lebst so vor dich hin, aber irgendwie vermischen sich Tag und Nacht zu einem Einheitsbrei, jedes Gefühl fühlt sich letztendlich gleich an, weil du abstumpfst und emotional verkümmerst. Wenn man sich mal mit dieser Thematik befasst und beispielsweise Berichte von ehemaligen Angestellten dieser Superreichen liest, dann fällt einem schnell auf, dass diese Menschen sehr kreativ werden können, wenn es darum geht, irgendwelche Grenzen zu erleben. Das sie sehr extreme Situationen brauchen, um sich überhaupt noch spüren zu können, weil ihnen der Ansporn, das Feuer fehlt, sich für irgendetwas, aus tiefstem Herzen zu begeistern.

Nun, warum erzähle ich dir das? Übertragen wir es mal auf mein Model. Du bist eine Seele in der geistigen Welt. Deine Grundschwingung entspricht der, des allmächtigen Wesens, du trägst alles in dir, was auch „Er" trägt. Du bist ALLES, du weißt ALLES, du kannst ALLES, es gibt keine Grenzen für dich.

Hört sich das nicht nach einem ganz ähnlichen Zustand an, wie bei unserem Superreichen? Du sitzt also da, auf deiner „Wolke", um es mal bildlich zu formulieren und es gibt keine Grenzen für dich. Bis auf eine Einzige, die es aber in sich hat. Du kannst alles Sein, alles Wissen, alles Denken, aber, du kannst es nicht fühlen, erfahren, spüren. Auf gut deutsch, bist du alles, aber nur in der Theorie.

Ich könnte mir daher vorstellen, dass eine solche Seele irgendwann an den Punkt kommt, wo sich sich selbst erleben, erfahren möchte. Wo sie wissen und spüren möchte, wie die Dinge funktionieren, wo sie nicht mehr nur denken und wissen möchte, sondern auch etwas tun, handeln und Emotionen erfahren möchte. Kurzum, sie möchte etwas erleben. Und was wäre da besser geeignet, als eine Welt, die so unvollkommen ist, wie unsere? Was wir bisher als Schulsystem beschrieben haben, könnte doch genau so gut ein Abenteuerspielplatz sein, wo wir uns ausprobieren können. Wo wir das Leben erfahren und mit all unseren Sinnen erleben können, was uns auf unserer Wolke einfach nicht möglich ist, oder?

Ich weiß, dass hört sich verrückt an, aber wäre das nicht denkbar? Und damit hätten wir auch eine Erklärung dafür, welche Aufgabe uns im geistigen Lebenskreislauf des Universums zuteil wird. Denn, wenn uns, als kleine Seele schon todlangweilig wird, könnte es nicht sein, dass das große Ganze ein ähnliches Problem hat? Wenn wir davon ausgehen, dass „Gott" einzigartig ist und all die Fähigkeiten in sich vereint, die wir ihm zuschreiben und zwar nicht nur als kleiner Teil, wie wir es sind, sondern in geballter Form, wie hat er dann die Möglichkeit Dinge zu erfahren, zu fühlen, zu erleben?

Wäre doch denkbar, dass der Satz: „Gott lebt in uns und durch uns", tatsächlich einen tieferen Sinn hat. Denn da wir alle miteinander verbunden sind und somit auch mit ihm, ist es nur logisch, dass er all unsere Erfahrungen, Stimmungen, Emotionen, all unser Erleben mitbekommt, oder? Dieses allmächtige Wesen kann es als Gesamtorganismus nicht bewerkstelligen, sich selbst zu erfahren, ihm fehlt der Raum dazu und auch ein passendes Gegenüber für die Interaktion. Aber vielleicht hat es ja dennoch einen Weg gefunden?

Dieses ganze Universum ist so komplex, alles greift so perfekt ineinander über, warum sollte dies nicht ein weiterer Baustein sein, den dieses Wesen nutzt, um sein Überleben zu sichern? Wenn wir mal an all die verschiedenen Funktionen und ihr Zusammenspiel in unserem eigenen Körper denken, dann finden wir doch ähnliche Prozesse auch in uns.

Was uns zu dem Punkt bringt, warum ich nicht glaube, dass wir so oft in diese Welt kommen müssen, bis wir alle Lektionen gelernt haben. In meiner Theorie würde das einfach keinen Sinn ergeben. Allerdings, wäre eine mögliche Erklärung, dass wir freiwillig immer wiederkommen wollen, nicht um unseren „Schulabschluss" zu machen, sondern weil wir uns selbst erleben, erfahren wollen und uns dies nur in dieser Welt möglich wäre.

Ich gebe zu, diesen Punkt erst mal so anzuerkennen, war eine harte Nuss. Wenn man sich sein Leben so anschaut, dann fällt es schwer zu glauben, dass man dies aus freien Stücken tut, oder? Ich meine, es gab durchaus Zeiten in meinem Leben, in denen ich endlich meine Ruhe wollte und ganz sicher war, nicht noch eine Runde drehen zu wollen. Ehrlicherweise war dies einer der Gründe, warum ich überhaupt angefangen habe, mir bestimmte Fragen zu stellen. Ich wollte schlicht und ergreifend sicher stellen, dass ich meinen Abschluss endlich in der Tasche haben würde und nie wieder gezwungen wäre, hier runter zu kommen.

Aber, nehmen wir für mein Erklärungsmodell mal an, es wäre tatsächlich auf einer freiwilligen Basis. Zum Einen, weil wir dies als unsere Aufgabe betrachten, um das gesamte Wesen mitzuversorgen, zum Anderen, weil wir einfach genug von der nackten Theorie hatten und was erleben wollten. Wir haben also an einem gewissen Punkt die Entscheidung getroffen, dass wir uns ins Leben stürzen. Vielleicht wäre es da ja sinnvoll, dass man sich so ganz grob überlegt, was man denn gerne erleben möchte und was für Voraussetzungen dafür gut wären.

Wenn du einen Urlaub planst, dann wirst du dich vorher hinsetzen und dir überlegen, wohin es gehen soll, was du unternehmen möchtest und was du alles einpacken musst. Dies ist natürlich ein sehr vereinfachtes Bild, aber ich glaube, es macht deutlich, worauf ich hinaus will.

Nehmen wir an, du hast die Entscheidung getroffen und auch so ganz grob geplant, welche Erlebnisse und Erfahrungen du machen möchtest. Dann wäre der nächste Schritt, sich zu überlegen, was du alles mitnehmen möchtest. Wie ich an anderer Stelle in diesem Buch ja schon mal erklärt habe, wäre es sicher keine gute Idee, mit ALLEN Erinnerungen, Fähigkeiten und allem Wissen hier unten neu zu starten.

Ich könnte mir daher vorstellen, dass wir uns genau überlegen, welche Pläne und Ziele wir haben und uns entsprechend „ausrüsten". Dies würde erklären, warum wir alle individuell sind, aber im Kern dennoch gleich. Jeder hat sein eigenes Köfferchen gepackt um sich auf die Reise zu machen. Somit wäre die Annahme, dass wir unterschiedlich alt und nicht auf demselben Entwicklungsstand sind, hinfällig. Wir haben eben nur unterschiedliche Pläne und kommen mit individuell gepackten Koffern in die Welt.

Auch die These, dass wir am Ende unserer „Ausbildung" in dieser Welt, wieder zu Gott zurückkehren oder uns wieder mit der Energie verbinden, dürfte vom Tisch sein. Erstens weil wir niemals fertig sein werden und dem Universum als kleines Teilchen sehr viel nützlicher sind. Und zweitens, weil wir nicht erst zurückkehren müssen, wir sind und bleiben immer ein Teil und somit auch verbunden.

Auf die Plätze, fertig, los!

Eine Seele hat sich also entschieden, sich auf den Weg zu machen. Sie hat einen Plan erstellt, was sie sich für Aufgaben und Ziele vorgenommen hat und entsprechend ihr Gepäck ausgerüstet. Natürlich kommt sie nicht mit frischer Unterwäsche und Zahnbürste daher. Vielmehr wird sie wohl geschaut haben, welche Eigenschaften, Talente, welche Charaktereigenschaften und Vorlieben passend und ihr von Nutzen sein könnten.

Da wir ja schon das Naturgesetz der Dualität angeschaut hatten, können wir davon ausgehen, dass sie sich auch für die Dinge gewappnet hat, die nicht ganz so angenehm sind. Ich bin nicht ganz sicher, ob ich daran glauben möchte, dass eine Seele sich tatsächlich im Vornherein dazu entschließt, schlimme oder traurige Erfahrungen zu machen oder gar selbst die Ursache solcher Dinge zu werden.

Diesen Gedanken finde ich irgendwie beunruhigend, auch wenn er theoretisch gedacht, nur konsequent wäre. Denn, wenn man etwas wirklich erfahren möchte, dann möchte man sicher auch wissen, wie sich die Gegenseite anfühlt. Und vielleicht wird ja auf der anderen Ebene gar nicht in gut und böse unterschieden, vielleicht haben wir dort das Bewusstsein, dass es Dasselbe ist, nur in unterschiedlicher Ausprägung und daher in jedem Fall eine Erfahrung wert ist. Aber, da uns diese Gegenseite ja ohnehin nicht erspart bleibt, weil jede Erfahrung, die wir einplanen, uns automatisch auch den Gegenspieler bescheren wird, ist es nicht wirklich von Bedeutung. Wichtig ist nur, dass ich überzeugt davon bin, dass wir uns für alle Eventualitäten wappnen.

Dies erklärt jedenfalls, warum wir alle so individuell sind und du kein zweites Wesen in dieser Welt finden wirst, das genau gleich ist, denkt, fühlt und handelt wie du. Wir alle haben unterschiedliche Pakete geschnürt, mit denen wir uns auf den Weg machen.

Nun sind einige Religionen und Lehren der Ansicht, dass wir uns nicht allein auf die Reise machen müssen. Wir bekommen einen Engel, einen Geistführer, einen Mentor oder irgendein anderes Wesen an die Seite gestellt. Sozusagen als Schnittstelle zur geistigen Welt. Dieses Wesen soll uns leiten und führen, damit wir den richtigen Weg finden. Es beschützt uns, leitet uns an und wird uns mit wichtigen Tipps versorgen, die wir zum Beispiel als Intuition, als Bauchgefühl oder die innere Stimme wahrnehmen, vorausgesetzt natürlich, wir hören zu.

Dieser Gedanke ist sehr verlockend und auf seine eigene Weise tröstlich. Wir sind nicht allein und haben immer Jemanden, der hinter uns steht und aufpasst. Mir kam dazu allerdings der Gedanke, warum ein anderes Wesen, in der geistigen Welt dies tun sollte? Wenn man das Schulmodel als Grundlage nimmt, sollten diese Seelen doch eigentlich andere Aufgaben haben und sich um ihre eigene Entwicklung kümmern, damit sie irgendwann ihren Abschluss bestehen, oder?

Und wenn man mein Spielplatzmodel zugrunde legt, macht es gleich noch viel weniger Sinn, denn wir wollen ja was erleben, wofür bräuchten wir dann Jemanden an unserer Seite? Natürlich hätten sie den ultimativen Überblick, von da Oben aus, aber irgendwas störte mich an dieser These. Sie ließ einfach noch zu viele Fragen offen.

Beispielsweise: Wie gut kann ein fremdes Wesen, mich in meiner Individualität, in meiner Ganzheit, in meinem Sein einschätzen und erfassen, um mich mit notwendigen Impulsen und Informationen zu versorgen, die hilfreich sind?

Wie könnte ein solches Wesen einschätzen, welche Erfahrungen ich in einem bestimmten Moment als lohnenswert erachte und vielleicht mitnehmen möchte, obwohl sie gar nicht im ursprünglichen Plan vorgesehen waren? Sind überhaupt Abweichungen von diesem Plan möglich? Oder hält sich dieser Partner, der mir an die Seite gestellt wurde, an das vorgeschriebene „Drehbuch" und wird mich daher von Dingen abhalten, die ich aber vielleicht trotzdem gerne getan hätte? Wie flexibel könnte ein zweites Wesen reagieren und wie nachhaltig könnte es in meinen ganz persönlichen Weg eingreifen? Wäre dies überhaupt richtig? Ich soll doch schließlich lernen und wachsen, oder will etwas erleben, warum mir also derartige Grenzen setzen?

Und noch eine andere Frage war für mich nicht geklärt. Wir kommen in diese Welt, bleiben aber mit dem Universum verbunden, doch, auf welche Art?

Die mögliche Antwort hierzu lautet: Wenn meine Seele in diese Welt geboren wird, handelt es nicht nicht um mein gesamtes Wesen. Es wird nur ein Anteil seine Schwingung verändern, doch der größere Teil bleibt „oben". So wie das allmächtige Wesen nur Teile von sich in verschiedene Schwingungen versetzt um sie als Seelen los zu schicken, tun wir es ihm gleich. Wir bleiben daher, mit unserem eigenen Wesen und damit auch mit dem universellen Wesen verbunden.

Wenn ich mit dieser Theorie Recht hätte, wäre die Frage nach dem Geistführer geklärt. Wir haben kein fremdes Wesen, welches uns an die Seite gestellt wurde, es ist der Anteil unserer Seele, der in der höheren Ebene verblieben ist. Die Stimme, in unserem Inneren, unsere Intuition wäre demnach unsere eigene Seele, die uns anleitet und darauf achtet, dass wir nicht vom Weg abkommen.

Dies macht doch schon allein deswegen Sinn, weil sie genau weiß, was für Erfahrungen wir machen wollen und uns, bzw. sich selbst wohl am Besten kennt. Zum Anderen, hat es den entscheidenden Vorteil, dass beide Seiten etwas davon haben.

„Gott lebt in uns und durch uns." Er lebt von unseren Erfahrungen, unserem Wissen, unserem Erleben. Ich glaube, dieses Prinzip haben wir uns zu Eigen gemacht und es wiederholt sich auch im Kleinen. Wir bekommen Führung, Schutz und Informationen, der zurückgebliebene Anteil fühlt, erfährt und erlebt dafür alles unmittelbar durch uns. Abgesehen davon, wären wir durch diese Lösung auch weiterhin untrennbar mit dem universellen Wesen verbunden, denn der Anteil, der in der höheren Ebene bleibt, muss sich nicht lösen, ebenso wenig, wie wir uns von ihm lösen.

Einen entschiedenen Nachteil hat meine These allerdings: Wir haben somit Niemanden mehr, auf den wir die Schuld schieben können, wenn etwas schief geht. Wir haben keine Möglichkeit mehr, die Verantwortung für unser eigenes Handeln auf ein anderes Wesen abzuwälzen. Ironischerweise hören die Meisten von uns zwar äußerst selten auf ihre innere Stimme und versuchen selbst ihr Ding durchzuziehen, aber wenn es brenzlig wird, fällt es uns umso leichter, den schwarzen Peter nach „oben" abzutreten.

Ich glaube ohnehin, dass wir die größtmögliche Freiheit genießen, weil es unserer Seele insgesamt darum geht Erfahrungen zu machen und sich selbst einfach zu spüren und zu erleben. Ob wir das hier mit unserem begrenzten irdischen Geist als angenehm oder unangenehm empfinden, fällt dabei vielleicht gar nicht so ins Gewicht. Von daher wird sie nur eingreifen, wenn wir zu weit vom Plan abweichen, oder aber, wenn wir uns dazu entschließen, bewusst mit ihr zusammen zu arbeiten und uns, in gewissem Sinne mit ihr „absprechen".

Und ich glaube, darum geht es eigentlich, wenn wir im Allgemeinen von „Erleuchtung" sprechen.

Der Lichtschalter

„Erleuchtung", ein großes Wort, mit noch größeren Erwartungen. Nur wenigen Menschen ist es vorbehalten, überhaupt jemals die Erleuchtung zu erlangen, und es dürfte wenig überraschend sein, dass dies größtenteils, wenn nicht sogar ausschließlich Männern vorbehalten ist.

Doch was genau bedeutet dieses große Wort denn nun eigentlich? Soweit ich das verstanden habe und ich lasse mich gerne eines Besseren belehren, geht es darum, in diesem Leben den Zustand zu erlangen, in dem einem die ganze Wahrheit bewusst wird. In dem man erkennt, wer man ist, was das Leben bedeutet und wie alles miteinander zusammenhängt.

Es wird beschrieben, als große Ruhe, die keine Fragen offen lässt, die einfach Alles erklärt und daher das große Ziel ist. Wenn Du erleuchtet bist, hast du ES geschafft. Manchmal hatte ich den Eindruck, es wäre fast vergleichbar, mit dem goldenen Ticket, in einer dieser zahllosen Talentshows: Du hast dir direkt einen Platz im Himmel verdient, ohne noch weitere Runden hier unten drehen zu müssen. Was ja logisch ist, wenn du verstanden hast, wie diese Welt und dieses Leben funktionieren, oder?

Und selbstverständlich ist es ziemlich ausgeschlossen, dass du eines Morgens aufwachst und dir ist über Nacht ein Licht aufgegangen. Es erfordert jahrelange Studien, der diversen Lehren, es erfordert Verzicht, unzählige Meditationen oder Gebete und vor Allem Einsamkeit und meist auch ein eher fortgeschrittenes Lebensalter.

Versteh mich bitte nicht falsch, ich habe tatsächlich größten Respekt vor den Menschen, die ihr Leben in dieser Art leben und für sich die vollkommene Ruhe und Zufriedenheit darin finden. Ich halte dies für ein durchaus lohnenswertes Lebensziel und bin absolut überzeugt davon, dass diese Menschen ihre Erleuchtung erfahren und glücklich auf ihrem Weg und mit ihrem irdischen Dasein sind.

Allerdings glaube ich auch, dass die Erleuchtung auch auf anderem Wege erfahren werden kann und dies sowohl Frauen als auch Männern möglich ist.

Meiner Meinung nach, ist es auf dem Weg eines Mönches, Eremiten oder Asketen schlichtweg einfacher, diesen Zustand zu erreichen. Was nicht heißen soll, dass diese, mit all dem Verzicht, den sie sich auferlegen, den leichten Weg wählen, im Gegenteil, denn sie verweigern sich letztendlich jegliche Annehmlichkeiten, die dieses Leben mit sich bringt.

Tatsache ist aber, dass sie vergleichsweise wenig Ablenkung haben und sehr wenige andere Meinungen in ihre Überlegungen mit einbeziehen müssen. Sie haben keine Freunde und Familien, um die sie sich sorgen oder kümmern müssen, keinen Job, der sie fordert und keine Kreditraten, die sie abbezahlen müssen.

Sie haben also für sich einen Weg gefunden, der ihnen den Raum und die Zeit lässt, über ihre eigenen Fragen nachzudenken und Antworten zu finden. Ein Luxus, der für viele andere Menschen unerreichbar scheint. Dies erklärt auch, warum so wenige Menschen diesen Zustand der Erleuchtung erfolgreich erreichen und warum noch weniger Menschen dies überhaupt jemals versuchen. Das Bild, dass uns vermittelt wird, ist, dass es jede Menge Verzicht, Arbeit, Weisheit und spirituelle Reife benötigt, um überhaupt eine Chance zu haben.

Wie ich ja schon mehrfach erwähnt habe, bin ich, anhand meines Lebensmodels, zu der Überzeugung gelangt, dass es den einen richtigen Weg nicht gibt, das wir Alle gleichwertig und gleichberechtigt sind und das Jeder von uns, seine Antworten nur in sich selbst finden kann.

Was bedeuten würde, wir alle haben dieselbe Chance, diesen Zustand der Erleuchtung zu erlangen, vollkommen unabhängig von Alter, Geschlecht, Rasse, Glaubenszugehörigkeit etc.

Für mich bedeutet „Erleuchtung" seine eigene Wahrheit gefunden, seinen Weg und seinen Platz in diesem Universum erkannt und angenommen zu haben. Darauf zu vertrauen, dass es einen Plan gibt und sich seiner selbst sicher zu sein. Es bedeutet, auf die Stimme im Inneren zu hören, sich in gewisser Weise „abzustimmen" und den Weg, der sich auftut, anzunehmen.

Es gibt für mein Verständnis also diesen einen Moment der Erleuchtung, der nach einem bestimmten Vorgehen, zu einem bestimmten Ergebnis führt und sich auf eine bestimmte Art und Weise anfühlen muss, nicht. Vielmehr halte ich es für einen sehr intimen Prozess, der sich für jeden Menschen anders anfühlen dürfte und seine ganz individuellen Wahrheiten enthält.

Natürlich möchte ich Niemandem seine Erfahrungen absprechen, der für sich den Zustand der Erleuchtung erfahren hat. Es ist ganz sicher ein unbeschreibliches Gefühl, wenn man plötzlich klar vor Augen hat, wie alles miteinander zusammenhängt. Wenn Ruhe und Frieden in einem einkehren, weil man einfach Weis, wer man ist, was man zu tun hat und das Ängste vollkommen überflüssig sind, weil einem streng genommen Nichts passieren kann, wovor man sich fürchten müsste.

Ich sage nur, dass viele Wege zu einem Ziel führen können, vor Allem, wenn jeder Mensch die

Freiheit hat, für sich selbst festzulegen, wann er genügend Antworten erhalten hat um sich selbst erleuchtet zu FÜHLEN.

Wie er diesen Zustand erreicht hat, ist ganz allein seine Sache und welche Wahrheit er dabei entdeckt hat ebenfalls. Natürlich ist es hilfreich, wenn man sich selbst überhaupt erst mal die Möglichkeit geschaffen hat, in Ruhe nachdenken zu können. Es wird auch nicht von Nachteil sein, wenn man eine Zeitlang relativ Reizarm und ohne Ablenkung von anderen Menschen, Medien oder Verpflichtungen nachdenkt. Und ja, manchmal braucht es auch Inspiration und Impulse von anderen Lehren und Gelehrten. Aber ich glaube, am Ende des Tages liegt es in der Verantwortung jedes Einzelnen, sich auf den Weg zu machen und zu schauen, wie er sein Ziel erreicht.

Auch hier dürften die Bedürfnisse wieder ziemlich unterschiedlich sein, was für die Ergebnisse ebenso gelten wird. Es ist daher, in meinen Augen, ziemlich sinnlos, den Weg, der einen anderen Mensch zu seiner Erleuchtung geführt hat, nachlaufen zu wollen. Nur weil du dieselben Schritte wie er gehst, heißt nicht, dass du dasselbe Ziel erreichst.

Eines bezweifle ich jedoch nicht, wer für sich einen Zustand erreicht hat, in dem er sich „erleuchtet" fühlt, der wird sein Leben nicht mehr leben, wie er es vorher tat. Denn, in dem Augenblick, wo du mit absoluter Gewissheit, über das was ist und das was kommen wird, durch dieses Leben gehst, sind Ängste überflüssig. Du weißt, dir kann Nichts geschehen, vollkommen gleich, welche Antwort du gefunden hast. Selbst wenn du zu dem Schluss kommst, alles hat ein Anfang und ein Ende und wenn du stirbst, dann hörst du einfach auf zu existieren, hast du letztendlich Nichts zu verlieren, aber Alles zu gewinnen, wenn du dieses Leben bis zum Äußersten ausreizt. Egal, welche Wahrheit du für dich gefunden hast, dein Ziel würde es doch sein, dass du dir die Zeit hier so angenehm wie möglich machst und das Leben, in all seinen Facetten auskostest.

Skeptiker könnten nun anführen, dass es ja wohl unbestritten ist, dass uns sehr sehr schlimme Dinge widerfahren können, und Ängste daher nicht unbegründet sind.

Das ist durchaus richtig, wo Licht ist, ist auch Schatten. Aber, wir Menschen sind so geschaffen, dass wir Unglaubliches leisten und ertragen können. Meist sehr viel mehr, als uns bewusst ist.

Und es heißt nicht umsonst, dass der Glaube Berge versetzt. Wenn du deine eigene Wahrheit, deinen Weg gefunden hast und einen Sinn in diesem Leben und deiner Existenz siehst, dann gibt dir das eine Stärke, die eine solide Basis bilden kann, für jeden Sturm, der dir begegnet. Du wüsstest dann warum und wofür du mache Dinge ertragen musst, oder hättest zumindest das Vertrauen, dass Nichts ohne Grund geschieht. Dieser Glaube wäre wie ein Leuchtturm, an dem du dich orientieren kannst, ganz gleich, was auch geschieht.

Meine These zu diesem Thema lautet daher: Es ist deine freie Entscheidung, den Lichtschalter zu betätigen und Licht ins Dunkel zu bringen. Niemand sonst kann diesen Schritt für dich gehen und niemand kann dir vorschreiben, wie du dieses Zeil erreichst. Es gibt unzählige Möglichkeiten, aus der du dir diejenige aussuchen kannst, die für dich passt. Ich finde, das klingt nach einer sehr spannenden Aufgabe, oder?

Normal und andere Absurditäten

Dem aufmerksamen Leser wird sicherlich nicht entgangen sein, dass ich großen Wert darauf lege, dass wir alle sehr einzigartige Individuen sind. Kein anderes Wesen denkt, fühlt, sieht, riecht, schmeckt, hört, versteht und liebt wie du. Das macht uns absolut Einzigartig in unserem Sein, auch wenn ich überzeugt davon bin, dass wir im Kern alle gleich sind. Und auch, wenn wir alle miteinander verbunden und ein Teil des großen allmächtigen Wesens sind, wird meiner Meinung nach, viel zu wenig auf diese Individualität eingegangen.

Wir Menschen neigen dazu, es uns leicht zu machen und alles unter dem Deckmantel „Das ist normal" in eine Form zu pressen. Aber, was ist eigentlich normal? Normalität bedeutet für uns häufig etwas, was für Viele gleichermaßen funktioniert. Auf wen das nicht zutrifft, der ist eben nicht normal. Das macht es natürlich ein bisschen schwierig, sich selbst auf die Suche nach Antworten und seinem ganz eigenen Lichtschalter zu machen.

Denn, wer will schon als nicht der Norm entsprechend gelten? Dieser Stempel geht leider oftmals mit unschönen Konsequenzen, wie Ausgrenzung, Anfeindungen oder anderen Dingen einher.

Dies lässt sich in so ziemlich allen Lebensbereichen beobachten. Egal ob es Religion, Lebensweise, Sexualität, Familie, Gesundheit, Ziele, Interessen oder was auch immer betrifft, du machst es anders als der Rest? Dann bist du nicht normal.

Du glaubst nicht an diesen oder jenen Gott? Nicht normal. Du willst nicht heiraten, oder hast drei Partner gleichzeitig, nicht normal. Du bist krank, bekommst eine Diagnose aber die empfohlene Therapie wirkt nicht wie gewünscht, nicht normal. Du hast kein Interesse an anderen Menschen und bist lieber allein, als dir einen großen sozialen Kreis aufzubauen? Nicht normal.

Häufig ist sogar zu beobachten, dass Alles, was nicht der Norm entspricht, schnell in einer Schublade, mit der Aufschrift: „Krank", verschwindet.

Dazu möchte ich mal ein paar meiner Überlegungen mit dir teilen. Wenn ich mit meinen Thesen Recht hätte, wären wir alle mit unterschiedlichen Plänen und Zielen auf dieser Welt. Entsprechend hätten wir alle ganz individuell unser Köfferchen gepackt und unser Gepäck ausgewählt. Wie um alles in der Welt kommt es nun zustande, dass wir plötzlich, wenn wir hier unten ankommen, vollkommen gleich funktionieren müssen? Wie kann es sein, dass wir uns, beinahe schon demütig, in irgendwelche Schubladen einordnen lassen, bzw. im Laufe unseres Lebens lernen, bitte schön doch selbstständig hinein zu hüpfen?

Ich möchte nicht in Abrede stellen, dass es sinnvoll ist, in einer Gesellschaft Regeln aufzustellen, die das Miteinander ordnen und sicherlich auch einfacher gestalten. Diese Regeln sollten aber dann auch bitte genau dazu führen: das Miteinander möglich machen. Sie sollten nicht dazu führen, dass die Menschen gespalten werden und ihnen krankhaftes Verhalten eingeredet wird, oder dass sie nicht gut genug sind, um Teil dieser Gesellschaft zu sein. Und schon gar nicht sollten sie die Entschuldigung für Ausgrenzung und Hass sein, oder?

Nehmen wir mal das Beispiel der Sozialkontakte, dass ich oben schon erwähnte. Du bist nur normal, wenn du möglichst viele soziale Kontakte um dich herum hast, wenn du viele Freunde, Familie, Kollegen hast, mit denen du deine kostbare Zeit verbringst, dich austauschst, dein Leben mit ihnen teilst oder an ihrem Leben teilnimmst.

Das mag für viele Leute super funktionieren, sie haben die entsprechende Persönlichkeit, die passenden Ziele und Pläne in ihrem Leben und auch die Kapazitäten und den Willen hierzu. Was aber ist mit einem Menschen, der dazu schlicht und ergreifend keine Lust hat? Der vielleicht sich selbst genug ist, der andere Interessen hat? Für den Sozialkontakte sich darauf beziehen, wie es übrigens früher Gang und Gebe war, dass man sich gegenseitig im Überleben stützt?

Kein einziger Mensch kann alle Fähigkeiten erlernen, um sich komplett selbst zu versorgen und somit autark von seinen Mitmenschen zu sein, dies macht uns zu sozialen Wesen, die sich gegenseitig unterstützen. Warum gilt man heute nur als gesund, wenn man sich sozial einbringt, im Sinne von vielen Freunden und Kontakten? Man kann sich doch auch anderweitig einbringen? Über seinen Job, über Kunst, oder darüber, dass man sich eben nicht einbringt, weil man mit anderen, eigenen Dingen beschäftigt ist und für sich selbst bemerkt hat, dass man nicht wie die Norm funktionieren kann.

Oder ein weiteres Beispiel sehen wir in der Medizin. Du hast Beschwerden, sie werden nach bestimmten Kategorien bewertet und es kommt eine Diagnose raus. Mit dieser Diagnose wird auch gleich festgelegt, wie die Behandlung auszusehen hat und wehe, sie wirkt bei dir nicht so, wie es zu sein hat.

Das wirft doch die Frage auf, warum manche Menschen an einer Erkrankung sterben, andere jedoch nicht? Warum manche Menschen geheilt werden, andere jedoch einen chronischen Verlauf durchmachen? Noch deutlicher zu sehen sind die Unterschiede, wenn es um psychische Erkrankungen und ihre Therapieverläufe geht.

Wir, als Gesellschaft haben, im Laufe der Jahrhunderte, haufenweise Regeln festgelegt, nach denen unser Zusammenleben funktionieren und ablaufen soll. Der Grundgedanke dahinter war sicherlich gut gemeint. Es sollte das Leben vereinfachen, für Ordnung sorgen und jedem Einzelnen Struktur, Halt und Sicherheit geben. So weit so gut.

Aber erstens, haben die Zeiten sich geändert, was vor hundert Jahren gut war, muss heute nicht zwangsweise genau so toll sein. Und zum Zweiten, sind wir alle sehr individuell und es ist nicht hilfreich, uns diese Individualität abzusprechen.

Früher lagen die Prioritäten anders. Das Leben bot weder so viele Annehmlichkeiten, noch so viele Möglichkeiten, wie heute. Die Menschen waren damit beschäftigt, ihr Überleben zu sichern. Ein Problem, dass uns heute nicht mehr ganz so vordergründig auf den Nägeln brennt. Sie hatten daher nicht so viele Möglichkeiten, über sich, den Sinn des Lebens und ihr eigenes Wesen nachzudenken und Wege zu suchen, wie sie sich selbst entfalten und ausdrücken wollten.

Ich würde dies gerne mal in den Kontext zur Evolution setzen, um zu verdeutlichen, was ich meine. Evolution beschreibt die Entwicklung einer Lebensform, um sich ihrem Lebensraum anzupassen. Es handelt sich also um kein starres Konzept, sondern ist in Bewegung.

Zuerst war die Evolution auf der materiellen Ebene zu beobachten, von der reinen Materie, zu lebender Materie, zu Pflanzen, einfachsten Lebewesen hin zu Tieren, Säugetieren und den ersten Menschen. Diese haben sich dann weiter entwickelt bis zum heutigen Menschen.

Parallel dazu hat eine Art Evolution der Lebensumstände stattgefunden. Zunächst lebte der Mensch in Höhlen und hat gesammelt, dann gejagt. Es folgten einfache Hütten, Dörfer, Städte, das Essen wurde nicht mehr gesammelt, sondern angebaut. Es wurden Dinge entwickelt und Fähigkeiten erlernt, die das Leben und vor Allem das Überleben erleichterten. Bis hin zum heutigen Lebensstandard, der das Überleben vergleichsweise einfach macht. Zumindest in einigen Ländern.

Was ich in diesem Bild ein bisschen vermisse, ist die Evolution im Inneren des Menschen, die geistige oder auch spirituelle Weiterentwicklung.

Wir sind so gefangen in dem Regelwerk, dass uns in den früheren, deutlich schwierigeren Zeiten, das Überleben gesichert hat, dass wir eine Evolution oder Entwicklung im geistigen Sinne, praktisch unmöglich machen. Natürlich gibt es auch hier Veränderungen, aber im Vergleich zu den anderen Bereichen, gestalten sich diese mühsam und äußerst zäh.

Wie komme ich auf den Gedanken, dass wir auch hier eine Evolution durchmachen? Ganz einfach: Schauen wir uns den Menschen noch einmal an. Er besteht, unserer Auffassung nach, aus Körper, Geist und Seele. Oder nehmen wir das, meinem Konzept zugrundeliegende Bild, des Allmächtigen, dem wir auch, im übertragenen Sinne Körper, Geist und Seele zuordnen konnten. Übertragen wir das auf die Evolutionstheorie, haben wir die körperliche Evolution zur Entwicklung des heutigen Menschen vollzogen, wir haben die Evolution auf der energetischen Ebene vollzogen, indem wir Dinge entwickelten und umwandelten, um uns das Leben zu erleichtern. Logischerweise müssten wir dann auch den dritten Teil vorfinden, oder?

Ich halte diese Entwicklung sogar für äußerst wichtig, denn, wenn zwei von drei Bereichen sich ständig weiterentwickelt haben und dies weiterhin tun, einer jedoch mehr oder weniger stillsteht, was wird dann irgendwann die logische Konsequenz sein? Richtig, er wird irgendwann nicht mehr mithalten können, was zu einem Ungleichgewicht im kompletten Gefüge führen wird.

Wer sich mit altertümlicher Geschichte befasst hat, dem wird dies nicht unbekannt vorkommen. Wir wären nicht die erste Hochkultur, die sich selbst zerstört. Und wenn man sich unsere Welt mal anschaut, dann sind wir auf einem guten Weg, um es diesen Kulturen gleich zu tun.

Die geistige Entwicklung und das Auflösen von alten Denkmustern und auch Regeln, ist meiner Meinung nach dringend notwendig, um dies zu verhindern. Wir brauchen Individualitäten, wir brauchen kreative Köpfe und Freigeister, wir brauchen ein anderes Verständnis füreinander, und auch für die Welt in der wir leben, sonst werden wir irgendwann mit der Evolution nicht mehr mithalten können. Ein Lebewesen, dass sich seinen Lebensbedingungen nicht anpassen kann, hat keine Chance zu überleben, dies hat uns die Vergangenheit oft genug gezeigt. Wir, in unserer westlichen Welt, haben heute den unglaublichen Luxus, eines recht bequemen Lebens.

Dies haben unsere Vorfahren hart erarbeitet, nun wäre es an uns, die Chance, die sie uns damit verschafft haben, auch zu nutzen und neue Wege für ein friedliches Miteinander zu finden. Denn Eines sollte man bedenken. So wundervoll dieser Luxus ist, auf den wir uns momentan stützen, er ist zerstörerisch, wenn wir weiterhin so leben, wie wir es seit hunderten von Jahren getan haben. Dafür reichen weder die Kapazitäten, noch die Ressourcen dieser Welt aus.

Du und die Anderen

Wenn man mal von dem Regelwerk absieht, welches wir uns als Menschen insgesamt auferlegt haben, gibt es allerdings noch einen zweiten Aspekt, der unsere geistige Entwicklung behindert. Die Menschen, die uns am nächsten stehen, unser unmittelbares soziales Umfeld.

Von Kindesbeinen an, lernen wir, dass wir bestimmte Bedingungen erfüllen müssen, um geliebt zu werden. Wir müssen uns auf eine bestimmte Art benehmen, gute Noten schreiben, woran wir glauben sollen, ja selbst was wir denken dürfen, wird uns größtenteils schon von der Familie mitgegeben. Dies geschieht nicht aus bösem Willen, es ist erlerntes Verhalten, dass von Generation zu Generation weitergegeben wird. Es zieht sich wie ein roter Faden, durch unser aller Leben und hört auch im Erwachsenenalter nicht auf. Da übernehmen dann Partner, Freunde und Arbeitskollegen die Aufgabe, uns in unserem Sein einzuschränken.

Hast du schon mal eine Entscheidung getroffen und dein soziales Umfeld hat sie einfach so hingenommen? „Es ist dein Leben, deine Entscheidung, ich respektiere sie und liebe dich, was immer du auch tust. Ich bin zwar nicht deiner Meinung, aber das ist in Ordnung, denn ich bin ich und du bist du." Dies oder so ähnlich, wären die Worte, die wir alle gerne hören würden. Stattdessen werden die Leute sich oftmals die größte Mühe geben, dir zu erklären, warum deine Entscheidung falsch ist, was du alles nicht bedacht hast, wie deine richtige Entscheidung lauten müsste und ganz schnell kommst du in eine Rechtfertigungshaltung, aus der es nur ein Entrinnen gibt: klein beigeben.

Schwierig wird es dann aber, wenn du mehrere verschiedene Standpunkte berücksichtigen musst, welchem sollst du nun nachgeben? Wie entscheidest du, wem du vor den Kopf stößt?

Wir sind als Menschen nicht frei, alles was wir tun, wird, von unserem Umfeld bewertet, beurteilt und kommentiert. Und nicht selten finden sich da auch die ein oder anderen Missionare, die so von ihrer eigenen Sache überzeugt sind, dass es keine zweite Meinung mehr gibt. Das ist anstrengend und lässt kaum Raum, um Luft zu holen und sich selbst zu fragen, was man eigentlich möchte.

Es ist unumgänglich, Kinder auf das Leben vorzubereiten und sie mit gewissen Regeln und Gepflogenheiten vertraut zu machen. Aber, wäre es nicht sinnvoller, ihnen gleichzeitig auch zu erklären, dass es eben nur Regeln sind, die sie einhalten sollten, weil sie ihnen das Leben in der Mitte unserer Gesellschaft vereinfachen werden, die aber weder sie noch ihre Persönlichkeit ausmachen? Und wäre es nicht toll, wenn man diesen Kindern klarmachen würde, dass sie geliebt werden, egal wer sie sind und am Ende sein werden?

Auch hier müssen wir wieder in die Vergangenheit zurück reisen. Als das Leben noch mehr oder weniger ein Überlebenskampf war, da war es natürlich sinnvoll, dass jeder Mensch, egal wie groß oder klein, seinen Platz und seine Aufgaben kannte. Da war kein Raum für eigene Persönlichkeiten, die sich frei ausdrücken und entfalten wollten. Es war absolut unumgänglich, dass Alle an einem Strang gezogen haben. In unserer heutigen Zeit jedoch, sollten wir es doch inzwischen besser wissen und handhaben, oder?

Ich bin überzeugt davon, dass uns theoretisch gesehen, eine einzige Regel ausreichen könnte. Stell dir bei Allem, was du tust, denkst und fühlst einfach nur eine Frage: „Schade ich damit wissentlich und willentlich einem anderen Lebewesen". Wenn die Antwort „ja" lautet, dann lass die Finger davon oder suche einen anderen Weg. Wenn die Antwort jedoch „nein" lautet, dann tu, was du für richtig hältst. Sollte dir die Antwort nicht eindeutig klar sein, dann könntest du dir noch eine zweite Frage stellen: „Wie würde es mir damit gehen, wenn ich auf der anderen Seite wäre?" Wir Alle sind im Kern gleich, wir tragen diese unendliche Liebe in uns, die das universelle

Wesen ebenfalls in sich trägt. Damit haben wir einen untrüglichen moralischen Kompass in uns, der uns genau sagen wird, was wir tun können und dürfen und was nicht. Wir spüren, was wir vor uns selbst vertreten können und was sich einfach nicht richtig anfühlt. Wir haben nur leider nie gelernt auf ihn zu hören, weil wir uns in bestimmten Bereichen niemals weiterentwickelt haben.

Und wir haben auch nicht gelernt, uns selbst als eigenständiges Individuum wahrzunehmen. Wir haben uns alle voneinander und von den Meinungen der anderen abhängig gemacht. Die Wenigstens können oder wollen eigene Entscheidungen treffen und für sich selbst einstehen. Dies ist für mich, eine logische Konsequenz, die ihren Ursprung in unserer Erziehung hat. Jeder Mensch möchte geliebt werden, und gerade kleine Menschen werden ALLES dafür tun, um sich geliebt zu fühlen. Leider übernehmen wir dieses Verhalten mit, bis ins hohe Alter, und übertragen es automatisch gleich an die nächste Generation weiter. Auch hier wäre ein Evolutionsschub dringend notwendig, um diese Muster endgültig zu durchbrechen.

Jede einzelne Seele trägt die Liebe im Kern in sich. Aber, sie weiß es nicht. Vielleicht würde es uns helfen, wenn wir uns erinnern, wer wir sind. Dann wüssten wir mit Bestimmtheit, dass wir unendlich geliebt werden, weil wir immer mit der größten Liebe verbunden sein werden, die wir kennen. Und wir wüssten auch, dass wir zwar alle miteinander verbunden und somit auf gewisser Ebene „Eins" sind, dies aber nicht bedeutet, dass wir abhängig voneinander sind.

In dem Augenblick, in dem wir anerkennen würden, dass wir selbst die Liebe sind, die wir suchen, dass wir Alle mit der großen Quelle dieser Liebe verbunden sind und bleiben und uns dann noch bewusst würde, dass wir ein vollkommen einzigartiges Individuum in dieser Welt darstellen, dann könnten wir frei sein. Und ich stelle hierzu noch in den Raum, dass wir dann uns dann nicht nur frei fühlen würden, sondern auch annehmen könnten, wer wir sind, ohne diesen ständigen Druck, dass wir uns selbst optimieren oder verbessern müssen.

Wir tragen bereits Alles in uns, wir müssen keine besseren Menschen werden, weil wir bereits Alles sind, was wir sein sollen, wollen und müssen. Natürlich steht es uns frei, uns zu entwickeln, zu lernen und vielleicht auch zu verändern, wenn es für unseren Weg nützlich ist. Es macht aber keinen Sinn, großartige Veränderungen, sei es auf körperlicher, mentaler oder geistiger Ebene, erzwingen zu wollen, weil der Druck von Außen so groß ist, dass wir dem nicht standhalten können.

Hunger nach Liebe

Schauen wir uns das Thema „Liebe" und unsere zwischenmenschlichen Interaktionen noch einmal genauer an.

Ich stelle die These auf, dass der Mensch, abgesehen von seinen biologischen Grundbedürfnissen, nur eine einzige Sache wirklich braucht: Lebensenergie! Wir brauchen diese Energie, genau so, wie das große allmächtige Wesen sie braucht um am Leben zu bleiben, schließlich sind wir ein Teil von ihm. Energie kann verschiedene Qualitäten haben, hoch und niedrig schwingend. Liebe bewegt sich in der höchsten, Angst in der niedrigsten Schwingung. Was demnach heißen würde, wir Menschen befinden uns permanent in einem Mangel, weil wir für unser eigenes „Überleben", nicht genug positive Energie haben.

Nun gäbe es theoretisch eine ganz simple Lösung für dieses Problem. Wir müssten einfach mehr Liebe in unserem Leben haben, die unseren Energiehaushalt automatisch versorgt. Leider sieht die Realität aber oftmals anders aus, doch woran liegt das?

Wer vom Grundsatz her Angst empfindet, der ist schon von Anfang an nicht in der Lage, seinen Energiehaushalt entsprechend zu regulieren, dass er optimal oder wenigstens ausreichend versorgt ist. Auch wäre ein solcher Mensch nicht in der Lage, die ursprüngliche, echte Liebe zu empfinden, oder zu empfangen, weil die Angst immer im Vordergrund wäre. Dieses Grundproblem würden wir alle teilen, man könnte annehmen, es sei die globale Volkskrankheit Nummer 1. Wir wären auf diese Energie angewiesen, hätten aber alle grundsätzlich viel zu wenig davon.

Stell dir vor, Alle haben Hunger, aber niemand genug zu essen. Was passiert? Richtig, man schaut, wo es irgendwas zu holen gibt und nimmt es sich. Nicht unbedingt, weil man ein böser Mensch ist, sondern, weil es zumindest kurzfristig das eigene Überleben sichert.

Es gibt viele Wege, an „Nahrung" zu kommen. Die wohl naheliegendste Methode wäre es, sich an der Energie seiner Mitmenschen zu bedienen, die wohlgemerkt, selbst nicht genug davon besitzen, um wirklich gut über die Runden zu kommen. Verständlicherweise, gäben die Wenigsten dieses rare Gut freiwillig her, was zur Folge hätte, dass wir sehr einfallsreich werden müssten, um sie ihrer Energie zu berauben, oder aber sehr brutal.

Klingt fies, oder? Wäre, in meinem Model, aber die tägliche Realität. Wir alle teilen denselben Mangel, aber auch dieselbe Notwendigkeit. Ein Großteil zwischenmenschlicher Begegnungen würde daher, natürlich nur im Unterbewusstsein, darauf abzielen, den anderen um seine kleinen Reserven zu erleichtern.

Nun versuchen die Meisten von uns, gute Menschen zu sein und anderen nicht, oder zumindest nicht willentlich, zu schaden. Das macht es schwierig, die benötigte Energie zu erhalten. Glücklicherweise liegt es nicht in der grundsätzlichen Natur des Menschen, sich mit Gewalt zu nehmen, was einem anderen gehört. Diese Menschen gibt es natürlich auch, und ja, vermutlich würden sie, durch ihre Taten, sehr schnell, sehr viel Energie erhalten, weil ihr Opfer keine Möglichkeit hätte, diesen Raub zu verhindern. Nützen würde sie ihnen jedoch kaum etwas, denn durch das, was sie getan hätten, wäre so viel niedrig schwingende Energie entstanden, dass ihre Beute nur ein Tröpfchen auf dem heißen Stein sein dürfte. Ihr Bedürfnis wäre daher nur sehr kurz gestillt, die Leere danach jedoch sicher kaum auszuhalten.

Dies könnte erklären, warum die Menschen, wenn man meine These zur Grundlage nimmt, in der Regel sehr viel subtiler und weniger gewalttätig vorgehen würden. Wir sind Meister darin, uns gegenseitig zu manipulieren und das meine ich jetzt nicht unbedingt negativ.

Wenn ein Mensch uns mag oder gar liebt, dann wäre es sehr viel wahrscheinlicher, dass er uns nicht „verhungern" lässt. Wenn uns Jemand wichtig ist, dann wollen wir selbstverständlich, dass es ihm gut geht und werden ihm helfen, wann immer es uns möglich ist.

Dies bedeutet auch, dass wir dazu neigen, unser bisschen Energie, freiwillig weiter zu reichen. Vor Allem, weil niemandem wirklich bewusst ist, dass wir alle denselben Mangel leiden. Wir geben diese Energie, also mehr oder weniger freiwillig weiter, nur um irgendwann dann zu merken, hoppla, ich hab nicht mehr genug, um mich selbst zu versorgen.

Was passiert nun? Richtig, wir machen uns auf die Suche nach anderen Menschen, die uns genug Liebe oder wenigstens Sympathien entgegen bringen, um uns mitzuversorgen. Auch in dieses System werden wir hineingeboren und haben letztendlich keine andere Wahl, als mitzumachen. Mangel erzeugt Angst, Angst erzeugt Mangel, ein absoluter Teufelskreis. Und die ewige Suche nach ein bisschen Liebe, um wenigstens den Grundbedarf an unserem Lebenselixier decken zu können.

Wir könnten also davon ausgehen, dass jeder zwischenmenschliche Kontakt, immer auch einen Energieaustausch beinhaltet. Was läge da näher, als uns dauerhaft mit Menschen zu umgeben, die unseren Bedarf, zumindest teilweise abdecken können? Dies würde unsere regelrechte Sucht nach Liebe, Anerkennung und Bestätigung erklären. Je beliebter ich bin, desto mehr Menschen werden sich bereitwillig zur Verfügung stellen, mich mit Energie zu versorgen.

Das hat nur, in den allermeisten Fällen, nicht so wirklich viel mit Liebe, in ihrer reinen, ursprünglichen Form, zu tun. Ich behaupte, ein sehr großer Teil von uns, hat diese wahre Liebe, in ihrer Grundform niemals kennen lernen dürfen, weil wir von klein auf nur auf der Jagd nach unserem Lebenselixier waren.

Versteh mich jetzt bitte nicht falsch, ich weiß, wie ernüchternd und absolut herzlos sich das anhört. Dieses System, würde ja schon seit hunderten von Jahren funktionieren und so lange man sich nicht gewaltsam bedient, kann ich daran Nichts falsches erkennen. Natürlich gibt es in unserer Welt und zwischen den Menschen Liebe und sehr tiefe und wundervolle Gefühle, das möchte ich gar nicht bestreiten. Ich sage nur, dass wir auch in diesem Falle, mal wieder den harten Weg gewählt haben, statt es uns einfach zu machen.

Wenn ein Mensch sich daran erinnert, wer er ist, was seine Bestimmung ist und dass er immer mit der Quelle der Liebe verbunden ist, egal, was hier in unserer Welt geschieht, dann würde ihm bewusst werden, dass dieser scheinbare Mangel, gar nicht wirklich existiert. Wir blockieren diesen Energiefluss, der für uns so lebenswichtig ist, letztendlich selbst, durch unsere Angst. Nur deswegen besteht überhaupt die Notwendigkeit, diesen Mangel anderweitig auszugleichen.

Kannst du dir vorstellen, was für ein Gefühl es wäre, wenn alle Menschen kollektiv hungern, aber du hättest die ultimative Quelle gefunden, um nie wieder Hunger leiden zu müssen? Versuch dir mal vorzustellen, wie anders dein Leben plötzlich wäre. Kein täglicher Überlebenskampf mehr, keine Notwendigkeit mehr, nach der nächsten Ration zu suchen und, keine Abhängigkeit mehr von deinen Mitmenschen.

Ich glaube, in diesem Moment, wären wir in der Lage, diese echte Liebe, die stärkste existierende Emotion, zu empfinden, wie sie ursprünglich gemeint ist. Denn, wenn sie nicht mehr daran gekoppelt ist, ob ich genug Energie erhalte, oder dass ich einen anderen Menschen mitversorgen muss, erst dann ist sie frei.

Wir müssten nicht mehr so tun, als wären wir Jemand, der wir gar nicht sind, damit wir geliebt werden. Wir könnten einfach wir selbst sein, und ich behaupte, wir wären dann auch eine sehr viel umgänglichere und verträglichere Person.

Wir müssten uns auch keine Illusionen oder perfekten Traumbilder mehr über unsere Lieben kreieren, um für uns selbst zu rechtfertigen, warum wir unser bisschen Energie an sie weiterreichen. Ich behaupte, wir haben, durch diesen täglichen Kampf, verlernt, was wahre Liebe bedeutet. Gleichzeitig sind wir aber permanent auf der Suche danach, weil sie unserem Wesen entspricht.

Aber mal Hand aufs Herz, wer möchte sich schon wirklich nackt, schutzlos und ohne Masken zeigen, wenn sein Leben davon abhängt, ob der Gegenüber einen dann noch schön, wertvoll oder toll genug findet, um einen mit Energie zu versorgen?

Wahre Liebe darf und sollte niemals an irgendwelche Bedingungen geknüpft sein. Und das ist sie definitiv auch nicht. Wir müssen uns nur wieder daran erinnern und schon wäre der Mangel, an dem wir alle leiden, im Handumdrehen behoben. Wir wären frei zu lieben, zu leben und zu sein, davon bin ich überzeugt.

Im Namen des Vaters...

...des Sohnes und des heiligen Geistes.

Ein Satz und so viele Fragen. Wo ist die Mutter? Was ist mit den Töchtern? Und am Wichtigsten: Wir sind doch ALLE Gottes Kinder, trotzdem wird grundsätzlich nur von einem einzigen Sohn gesprochen. Was bedeutet dies dann für die Männer dieser Welt? Ich meine, die Frauen fallen ja sowieso in die Kategorie „2. Klasse", aber wessen Söhne sind die Männer, wenn Gott nicht ihr Vater ist?

Nur ein paar weitere Ungereimtheiten, die mir so im Laufe meiner Recherchen aufgefallen sind. Und ja, ich gebe offen zu, dass ich mich, als Frau ein ganz kleines bisschen unwohl mit fühle, mit dem Weltbild, dass in den großen Lehren so vermittelt wird. Ich fühle mich nicht nur unwohl damit, es macht ganz objektiv betrachtet, überhaupt keinen Sinn, nicht mal im Ansatz.

Wie entsteht Leben? Richtig, es braucht eine Mutter und einen Vater. Oder anders ausgedrückt, einen weiblichen und einen männlichen Part. Dies zeigt sich in jedem einzelnen Baustein, aus dem unsere Welt entstanden ist. Selbst die kleinsten Atome, und dies ist ebenfalls eine wissenschaftlich belegte Tatsache, haben im Kern männliche und weibliche, bzw. positive und negative Anteile. Wobei dies nicht wörtlich zu verstehen ist. Die Bewertung von negativ und positiv im wissenschaftlichen Sinne spricht hierbei von gebenden und nehmenden Teilchen. Die „männlichen" Teilchen geben etwas, die „weiblichen" Teilchen nehmen diese Gabe an und lassen daraus neues „Leben" entstehen.

Was rein faktisch gesehen bedeutet: ALLES was existiert, hat sowohl einen männlichen als auch einen weiblichen Anteil. Dies ist ein weiteres der Naturgesetze. Es gibt keinerlei Ausnahmen. Ziehen wir dann noch das Gesetz der Dualität dazu, es muss zwingend immer zwei Seiten einer Sache geben, dann könnte man sagen, Mann und Frau sind prinzipiell die Gegenpole, die es braucht, damit der jeweils andere Part überhaupt existieren kann.

Was uns zu einem Grundproblem in unserer Welt und allen existierenden Lehren und Religionen führt. Gott ist allgemein angenommen, immer eine männliche, eine väterliche Person. Dies ist vollkommen ausgeschlossen, er kann nicht rein männlich sein, sonst würden wir von zwei Göttern sprechen, irgendwo müsste dann nämlich das passende Gegenstück existieren. Dieses allmächtige Wesen, von dem wir einfach mal annehmen wollen, dass es existiert, muss also zwingend beide Anteile in sich tragen. So, wie es auch jeder Mensch tut. Natürlich sind wir aufgrund un-

serer Genetik in xx und xy Chromosome aufge-
teilt. Was eine Notwendigkeit ist, sonst wäre unser Fortbestand nicht gesichert, aber und das ist
der entscheidende Punkt, die eine Seite kann
ohne die andere Seite unmöglich existieren.

Wenn wir also davon ausgehen, dass beide Seiten ihre Daseinsberechtigung haben, dass beide
Seiten voneinander abhängig sind, weil sie sonst
keinerlei Existenzgrundlage hätten, wie ergibt
sich dann daraus die Annahme, dass Frauen weniger wert sind, weniger Rechte haben und den
Männern unterstellt sind?

Stell dir vor, du wärst ein Vogel. Und dir wird
gesagt, dein rechter Flügel, ist wichtiger als der
linke. Du musst ihn gut pflegen, ihn putzen und
trainieren. Der linke Flügel jedoch, ist nicht so
wichtig, der hängt da halt an dir dran, aber den
kannst du getrost ignorieren. So, und nun versuch mal zu fliegen. Das wird nicht so wirklich
gut funktionieren, oder?

Männer und Frauen sind meiner Auffassung
nach, absolut gleichwertig und auch gleichberechtigt. Sind wir unterschiedlich? Ja, ganz bestimmt.
Jede Seite hat ihre Stärken und ihre Schwächen
mitbekommen. Und diese Anteile ergänzen sich
perfekt. Beide Seiten haben genau die passende
„Ausstattung" bekommen, um ihren Platz in der
natürlichen Kette einzunehmen.

In früheren Zeiten, als das Überleben noch ein echter Kampf war, war es sicher sinnvoll, dass den Männern und den Frauen unterschiedliche Rollen zugedacht waren. Und warum auch nicht? Ich bin mir sicher, diese Tatsache an sich war nie das Problem. Blöd wurde es erst, als irgendwer festgelegt hat, dass 50% der Menschen mehr wert sind und mehr zu sagen haben und die restlichen 50% sich gefälligst unterzuordnen haben.

In allen Lehren und Religionen sind die Männer die vorherrschenden Personen, ihnen sind jede Menge Privilegien vorbehalten, die die restlichen Menschen nie erreichen werden. Frauen wird grundsätzlich der Part zugeschrieben, der sich unterzuordnen hat, weil wir unrein sind, eine Erbsünde begangen hätten, weil wir einfach nicht so viel wert sind, wie die Männer. Nicht so stark, nicht so klug, zusammenfassend gesagt, sind wir eben keine Männer.

Nun, wenn wir von diesem allmächtigen Wesen ausgehen, das alle seine Kinder liebt, wie macht diese Annahme dann Sinn? Dieses Wesen macht keine Fehler, dieses Wesen hat sich in unzählige Teile aufgespalten um sein Überleben zu sichern und jede Menge Erfahrungen zu machen. Warum sollte es 50% „minderwertiges" Material aussenden? Und warum sollte dieses Wesen die Menschen als zweitklassig betrachten, der sie immerhin die Aufgabe zugedacht hat, Leben in sich zu erschaffen? Für mich hört sich das nicht sonderlich überzeugend an, und das nicht nur, weil ich selbst zu dieser Sorte Mensch gehöre.

Ich bin überzeugt davon, dass dieses Wesen beide Seiten genau so erschaffen hat, wie sie sind. Mit ihren Stärken und ihren Schwächen und mit den Gegensätzen und Eigenschaften, die sich wunderbar ergänzen und zwar vollkommen gleichwertig. Wir wurden nach seinem Ebenbild erschaffen, er trägt beide Anteile in sich, so wie jeder einzelne von uns auch. Du und auch ich, tragen sowohl Anteile unsere Vaters UND unserer Mutter in uns, das ist ein Fakt. Würde „Gott" die Frauen so sehen, wie es in unserer Welt gang und gäbe ist, würde das in der Konsequenz heißen, er hätte eine sehr unschöne, menschliche Seite an sich: Er lehnt sich selbst zu 50% ab - aber dies nur mal so als Denkansatz.

Frauen brauchen Männer und Männer brauchen Frauen. Zumindest rein evolutionär gesehen, nicht in dem Sinne, um ihr Leben oder Alltag zu gestalten, da sind beide Seiten inzwischen weit genug entwickelt um auch gut allein zurecht zu kommen. Aber, es kann kein Leben und keine Welt ohne den anderen Part geben.

Es wäre vielleicht sinnvoll, wenn sich das irgendwann mal in der Welt herumsprechen würde und jedes Wesen seine Geburtsrechte wahrnehmen dürfte. Unabhängig von Geschlecht, aber auch von Rasse, Religion, Sexualität, Gewicht, sozialem Status oder ähnlichem. Und, wenn ich hier von Mann und Frau spreche, dann beziehe ich mich nicht nur auf diese beiden Geschlechter in ihrer biologischen Form.

Natürlich gibt es jede Menge Variationen, und auch wenn dies noch ein Streitpunkt in der Gesellschaft ist, glaube ich, dass auch diese Vielfalt ihren Sinn hat.

Wir alle sind hier aus bestimmten Gründen, wir haben alle denselben Wert, in unserem Universum und ein Fehler ist ausgeschlossen. Immerhin glauben eine Vielzahl von Menschen daran, dass dieses Wesen Allmächtig, Allwissend und Allgegenwärtig ist. Wenn dieser Gott, wirklich eine Hälfte der Menschheit bevorzugen würde, dann hätte es die Männer ganz einfach selbst mit einem Uterus und einem monatlichen Zyklus ausstatten können und sich den weiblichen Gegenpart sparen können. Das er dazu durchaus in der Lage ist, beweisen uns verschieden Tierarten, die in unserer Natur vorhanden sind, ich sage nur Seepferdchen.

Welchem Geschlecht man letztendlich angehört, mag sich vielleicht in mancherlei körperlichen Merkmalen, Unterschieden, Eigenschaften oder auch Präferenzen unterscheiden, den jeweiligen Wert eines Menschen, beeinflusst dies jedoch ganz sicher nicht.

Respekt und Frieden

So verhält es sich übrigens auch im Allgemeinen. Jedes Individuum ist einzigartig in seiner Form, unabhängig davon, wie es lebt, welche Präferenzen es hat und mit welchen Werten es durchs Leben geht. Auch hier ist ein Fehler, meiner Meinung nach, vollkommen ausgeschlossen. Muss ich deswegen jeden Menschen mögen oder seine Lebensansichten teilen? Nein, natürlich nicht. Muss ich alles toll finden, was andere Menschen tun, leben, wollen, oder toll finden? Gott bewahre, auf gar keinen Fall.

Aber, habe ich das Recht darüber zu urteilen oder einen Menschen deswegen als minderwertig zu betrachten? Ganz klares NEIN. Es steht mir ganz einfach nicht zu, mir ein Urteil über den Weg, das Wesen oder das Leben eines anderen Menschen zu machen. Erstens, kenne ich seinen Plan nicht, zweitens, geht es mich überhaupt Nichts an und drittens, sollte ich theoretisch mit meinen eigenen Angelegenheiten genug zu tun haben.

Wenn wir uns mein Gesamtkonzept betrachten, dann wird klar, es würde uns Menschen gut tun, uns mehr mit uns selbst, statt mit allen Anderen zu beschäftigen. Wenn wir mal vor der eigenen Haustür kehren würden, statt uns über den Müll vor anderen Türen aufzuregen, würden sich viele Dinge sehr schnell ändern.

Wir könnten unsere Ressourcen und Energien auf das konzentrieren, wofür sie eigentlich gedacht sind: dieses Leben zu leben. Wir könnten ruhiger und gelassener durchs Leben gehen, weil wir uns nicht mehr so aufregen oder Angst haben müssten. Wenn wir es schaffen würden, anderen Lebewesen die Liebe und den Respekt entgegen zu bringen, die wir uns einerseits selbst wünschen und die sie andererseits verdienen, müssten wir uns mit sehr vielen Fragen gar nicht mehr herumschlagen.

Mal davon abgesehen davon, dass wir selbst sehr viel ruhiger schlafen würden, hätte es aber noch den positiven „Nebeneffekt", dass wir damit aufhören würden, anderen Menschen das Leben schwer zu machen. Denn jedes Mal, wenn wir unsere Nasen, ungefragt, in die Angelegenheiten unserer Mitmenschen stecken, sind auch wir selbst aktiv daran beteiligt, ihren individuellen Weg, ihr Wesen zu bewerten, zu begrenzen und schlimmstenfalls zu blockieren.

Ich glaube, es gibt Zeiten, vor Allem in unseren jungen Jahren, wo wir unglaublich von unseren Mitmenschen profitieren, von ihnen lernen und durch die Interaktionen wachsen können. In diesem Lebensabschnitt brauchen wir Orientierung, um uns entwickeln zu können und zu lernen, wie die Welt und das Leben in ihr funktionieren.

Ab einem gewissen Punkt jedoch, scheinen diese Vorzüge nicht mehr eine ganz so tragende Rollte zu spielen. Spätestens, wenn wir in einem Alter oder Lebensabschnitt sind, in dem wir selbst die Verantwortung für uns, unser Seelenheil und unser Leben übernehmen (sollten), kehren sich diese Vorzüge eher ins Gegenteil um. Dann wird es Zeit, zu lernen sich abzugrenzen und auf eigenen Beinen zu stehen, ganz ähnlich wie wir uns als junge Erwachsene von den Eltern abnabeln um eigene Erfahrungen zu machen.

Letztendlich glaube ich, jeder muss für sich, seinen eigenen Weg finden. Das ist für mich das Fazit meiner kleinen Reise. Was fühlt sich für mich gut und richtig an? Womit kann ich leben? Was nimmt mir die Angst und lässt mich die Zeit, die mir in dieser Welt bleibt, ruhig schlafen? Und ist es wirklich wichtig, was andere Menschen darüber denken? Wie sie ihr Leben gestalten? Inwieweit will ich mich abhängig davon machen, was Andere über mich denken? Müssen wir wirklich ALLE dieselben Werte, Ziele, Vorstellungen und Bedürfnisse haben? Kann das überhaupt im Sinne dieses Allmächtigen Wesens sein, dass uns ja ganz offensichtlich nicht grundlos so erschaffen hat, wie wir sind?

Vom Leben und Sterben

Zum Schluss noch ein Thema, um das wir alle gerne einen riesengroßen Bogen machen. Der Tod, das Sterben, das Ende unserer Existenz.

Während wir die Geburt und den Start in dieses Leben feiern, uns freuen und beglückwünschen, wird der natürliche Gegenspieler, das Sterben, gerne ignoriert, zum absoluten Tabuthema erklärt. Wir alle feiern jedes Jahr, den Tag, an dem unser Leben in dieser Welt begann. Unser Todestag jedoch, wird eher leise, still und in tiefer Trauer begannen, also von den Hinterbliebenen natürlich, wir selbst sind da ja eher naturgemäß nicht so sehr involviert.

Schauen wir uns das ganze mal im Kontext, zu meinem Gesamtgebilde an. Wir sitzen da oben auf unserer „Wolke", haben unser Köfferchen gepackt und warten auf den Moment, an dem es los geht. Die Wehen setzen ein, die Geburt ist in vollem Gange und ein Teil unserer Seele verändert seine Schwingung, und tritt in diesen kleinen Körper ein, der gerade ans Tageslicht kommt.

Wir werden also geboren, wie wundervoll, wie absolut großartig, ein Wunder.

Am Ende, wenn unser Körper sein Leben gelebt hat und sein natürliches Verfallsdatum erreicht hat, wird er seine Funktionen einstellen und wir sterben. Doch, was passiert dann? Unsere irdische Existenz endet, der Körper hat aufgehört zu atmen. Und was ist mit dem Rest von uns?

Wenn wir uns mein Model anschauen, dann würde diese Reise, die mit der Geburt startete, logischerweise wie folgt enden müssen: Unsere Seele löst sich wieder aus dem, nun leblosen Körper, streift diese Hülle ab, und nimmt wieder ihre ursprüngliche Schwingung an. Sie kehrt also zu ihrem Ursprung zurück.

Das Naturgesetz der Dualität besagt ganz klar, es MUSS zwingend immer zwei Dinge, zwei Pole, zwei Extreme einer Sache geben. Wenn wir dieses Gesetz berücksichtigen, dann sind das Leben und der Tod zwei Zustände, von ein und derselben Sache. Es kann gar nicht anders sein. Sie unterscheiden sich nur in ihrer Intensität. Nun würde wahrscheinlich jeder vernünftig denkende Mensch sagen: Alles klar, das Leben ist am oberen, positiven Ende der Skala, der Tod ist am anderen Ende angesiedelt. Also Leben ist im Bereich der Liebe, Tod im Bereich der Angst beheimatet. Damit scheint logisch, warum wir das Leben feiern, den Tod aber fürchten.

Wirklich? Also, wenn ich so darüber nachdenke, dann erscheint es mir eher lohnenswert, einen sterbenden Körper, der am Ende seiner Zeit angekommen ist, verlassen zu dürfen. Das Leben in unserer Welt kann extrem anstrengend sein und ich glaube, ich könnte es gar nicht erwarten, endlich wieder auf meiner Wolke zu sitzen und dem Treiben, hier unten, aus sicherem Abstand zuzuschauen. Ich wäre wieder in meiner ursprünglichen, reinen, hohen Schwingung der Liebe, kein Druck, keine Angst, einfach nur himmlische Ruhe und ja, irgendwann vielleicht sogar wieder diese ätzende Langeweile, die mich von Neuem in die Welt hinuntertreibt, aber irgendwas ist ja immer.

Wenn ich den Start ins Leben und den Tod mal ganz realistisch betrachte, macht mir der Anfang tatsächlich sehr viel mehr „Angst". Ich muss meine Wolke verlassen, ein Teil muss seine Schwingung herabsetzen um überhaupt in diesen winzigen, hilflosen, engen, kleinen Körper zu passen. Dann muss ich die Geburt überstehen, in dem Wissen, dass ich ab dem Moment, an dem ich das Licht der Welt erblickt habe, vor jeder Menge Herausforderungen, Erlebnissen und Erfahrungen stehe, die definitiv nicht alle positiv sein werden, während ich meinem Körper beim Zerfall zuschauen muss.

Niemand kann uns wirklich sagen, wie es ist zu sterben, es kam ja noch niemand zurück, um verlässliche Angaben zu machen. Dennoch macht der Tod uns die größtmögliche Angst, die wir uns vorstellen können. Hierzu möchte ich aber mal einen ganz kleinen Denkanstoß geben: Bisher ist mir auch kein Fall bekannt, dass irgendwer verlässliche Angaben darüber machen konnte, dass seine eigene Geburt so eine absolut großartige Erfahrung war – vielleicht, ist dieser Vorgang dem Sterben ja gar nicht so unähnlich? Könnte ja sein, dass der Übergang in diese Welt, gar nicht so einfach und angenehm ist, wie wir uns vorstellen?

Sich selbst in so einen kleinen, engen, hilflosen Körper zu zwängen, könnte ja vielleicht gar keine so schöne Erfahrung sein, abgesehen von dem Weg, der dann noch vor einem liegt, um nur endlich überhaupt mal das Licht der Welt zu erblicken. Mir persönlich würde die Aussicht jedenfalls mehr zusagen, diese Hülle abzustreifen, statt mich hineinquetschen zu müssen.

Und dennoch, wir alle haben diesen Prozess hinter uns gebracht und überstanden. Vor der Geburt und dem beginnenden Leben haben wir daher keine Angst (mehr). Ich bin mir ziemlich sicher, wenn wir diese Hürde meistern konnten, ist das Verlassen dieser Welt, vergleichsweise angenehmer. Natürlich nicht, für Diejenigen, die hier zurück bleiben und für die unser Ableben ein sehr trauriger Verlust ist, vielleicht kommt ja daher diese riesige Angst?

Was aber in jedem Fall sicher wäre, vollkommen egal, wie unser Weg in dieser Welt aussieht, welche Erfahrungen wir machen, wie viel Zeit wir hier verbringen und wie ausgefüllt unser Leben uns erscheint, uns kann überhaupt Nichts passieren. Denn das Sterben, wie es uns, in unseren größten Ängsten gegenüber steht, gibt es nicht. Wir würden, wenn meine Annahmen richtig sind, nur den Körper verlassen und wieder in unsere eigentliche Form zurückkehren. Aber wir hören nicht auf zu existieren, was dann bedeutet, dass uns, rein faktisch, überhaupt Nichts passieren kann.

Wir könnten uns also, theoretisch gesehen, ganz auf das Leben, in all seinen Facetten einlassen. Und vielleicht geht es ja genau darum. Das Leben einfach zu leben. Dankbar zu sein, für jede, noch so kleine Erfahrung, weil sie letztendlich der Grund dafür sind, dass wir überhaupt diese Reise auf uns genommen haben. Dankbar zu sein, für das, was uns begegnet, was wir bekommen, was wir erleben. Und aus jeder Situation das bestmögliche heraus zu holen, weil wir uns sicher sein könnten, dass uns rein gar Nichts passieren kann und wir, wenn wir am Ende, wieder auf unsere Wolke zurückkehren, noch lange vom Erlebten zehren wollen.

Vielleicht ist ja letztendlich, abgesehen von der Liebe, auch die Dankbarkeit, für diese unbegrenzten Möglichkeiten, ein weiterer Baustein, für ein erfülltes Leben, ohne Ängste? Und vielleicht, würde es uns, mit einer solchen Einstellung, auch sehr viel leichter fallen, positive Energie zu erzeugen, die das große Ganze zum Überleben braucht?

Dies ist nämlich, nach meiner Auffassung, tatsächlich unsere größte Aufgabe in dem ganzen Spiel: positive Energie zu erzeugen, um den Organismus am Leben zu halten. Nicht nur für das Große und Ganze, sondern auch für uns würde das Leben damit sehr viel einfacher und entspannter werden.

Auf dem Prüfstand

Wir kommen nun langsam zum Ende dieser Reise. Ist dieses Werk vollständig? Ganz sicher nicht. Konnte ich alle Antworten finden, die ich suchte? Auch hier muss ich leider mit Nein antworten. In manchen Punkten habe ich eine vage Ahnung bekommen, wie die Antwort aussehen könnte, in manchen Punkten tappe ich nach wie vor im Dunkeln. Aber, ich habe ja, so hoffe ich zumindest, noch ein paar Jahre vor mir, um mich weiter damit zu beschäftigen.

Fürs Erste jedoch, kann ich sagen, dass ich mit dem Grundgerüst, dass ich hier skizziert habe, im Großen und Ganzen ganz gut leben kann. Ich glaube, die Fragen, die Jeden von uns früher oder später mal beschäftigen, können nicht linear beantwortet werden. So wie Fragen sich verändern können, geschieht dies auch mit Antworten. Etwas was heute Sinn macht, fühlt sich morgen vielleicht nur noch teilweise richtig an, weil es plötzlich in einem anderen Kontext steht, beispielsweise. Oder, weil die Zeit noch nicht für das Gesamtbild reif war und sich nur Teile zeigten.

Wenn man dann noch die eigenen Bilder, Interpretationen und Gefühle dazu berücksichtigt, wird einem bald klar, dass man irgendwie damit leben muss, dass dies kein starres Konstrukt sein kann, sondern sich immer nur so viel zeigt, wie man zu verstehen und akzeptieren im Stande ist. Und das die Antworten immer in genau den Worten, Bildern oder Assoziationen zu einem kommen, die man für sich selbst annehmen kann.

Warum also dann dennoch dieses Buch? Weil ich glaube, es ist wichtig, sich mit diesen Fragen zu beschäftigen. Weil es in unserer heutigen Zeit unglaublich wichtig geworden ist, einen Anker für sich zu finden, einen Wegweiser, der einen nicht den Überblick verlieren lässt.

Wir leben in einer so schnelllebigen Zeit, in der morgen schon nicht mehr gilt, was heute noch galt. Und wir sind so abgelenkt und häufig festgefahren in unserem Dasein und unseren Denkstrukturen, dass eine Weiterentwicklung beinahe unmöglich ist.

Wie schon erwähnt, halte ich dies für äußerst bedenklich, weil die Welt nicht stehen bleibt um auf uns zu warten und wir so vielleicht irgendwann doch den Anschluss verlieren.

Ein weiterer Aspekt ist, dass wir dem Äußeren so viel Aufmerksamkeit schenken, dass wir das Innere stellenweise aus den Augen verlieren. Auch dies halte ich für schwierig, weil uns dadurch unter Umständen Dinge entgehen, die uns eine längere, friedlichere und glücklichere Lebenszeit bescheren könnten. Wenn ich mich nicht mit mir und meinem Inneren beschäftige, wie kann ich dann jemals in Erfahrung bringen, was für ein Ziel ich tatsächlich verfolge? Welchen Aufgaben ich mich widmen, welcher Bestimmung ich folgen möchte?

Für mich ist es eine ziemlich gruselige Vorstellung, auf meinem Totenbett irgendwann Fazit ziehen zu müssen und zu merken: Hoppla, da bin ich aber irgendwo mal vollkommen falsch abgebogen und hab mein Ziel verfehlt. Nicht das das ernsthafte Konsequenzen hätte, es gibt ja ein nächstes Mal. Trotzdem würde ich meine Sache gerne wenigstens halbwegs, wie geplant, zu Ende bringen. Außerdem habe ich festgestellt, dass ich gerne mehr Ruhe und Frieden in meinem Leben hätte und sehr viel weniger Ärger und Angst.

Am Anfang des Buches, habe ich dir gesagt, dass ich dich nicht bekehren, sondern zum Nachdenken anregen möchte. Was auch immer ich in diesem Buch angeführt habe, muss dir nicht gefallen, es muss nicht deine Wahrheit sein, dass ist für mich vollkommen in Ordnung. Ich bin mir auch bewusst darüber, dass einige Menschen, vielleicht nicht unbedingt in Begeisterungsstürme ausbrechen werden, anhand einiger meiner Aussagen.

Was ich hier noch einmal ganz klar hervorheben möchte, ist folgendes:

Es liegt mir absolut fern, eine Religion, eine Lehre oder eine Weltanschauung in Frage zu stellen oder zu verurteilen. Sie alle haben ihre Berechtigung und wirklich tolle Anteile, die sie in sich tragen, auch wenn ich nicht jeden einzelnen Punkt für mich akzeptieren kann. Letztendlich erfüllt jede dieser Lehren ihren Zweck: sie gibt einer Menge Menschen Halt und Struktur, Hoffnung und einen Sinn in ihrem Leben und das ist phantastisch.

Ebenso fern liegt es mir, Gott zu verunglimpfen. Vollkommen egal, welchen. Ich selbst bin fest davon überzeugt, dass es einen Gott gibt, auch wenn ich dieses Wesen nicht so nenne, und fühle mich ihm sehr verbunden.

Ich habe in meinem Konstrukt einfach ein paar Fakten, Aussagen, Bilder und Fäden miteinander verwoben, die für mich, in ihrem ursprünglichen Kontext, für sich allein gestellt, keinen rechten Sinn ergeben wollten. Das Gesamtbild, was sich daraufhin dann zeigte, hat mich gleichermaßen überrascht und fasziniert und ich begann mich zu fragen, zu wie vielen verschiedenen Ergebnissen die Menschen wohl kommen könnten, wenn sie sich dieselben oder ähnliche Fragen stellen würden.

All die Religionen und die meisten Lehren, entstanden in einer vollkommen anderen Zeit, als das Leben ein Überleben war und die Fragen vielleicht andere waren, als die, die wir uns heute stellen. Für mich war es daher eine spannende

Überlegung, ob wir heute noch zu denselben Aussagen und Schlussfolgerungen kommen würden, wie es unsere Vorfahren damals taten?

Wir haben heute nicht nur andere Lebensbedingungen, sondern auch einen vollkommen anderen Wissensstand, andere Weltansichten und so weiter. Wäre es da nicht irgendwie auch logisch, dass wir heute zu anderen Schlüssen kämen, als es vor tausenden von Jahren der Fall war?

Zu meiner Überraschung muss ich jedoch sagen, die Unterschiede waren gar nicht so gravierend, wie ich gedacht hatte. Natürlich interpretiere ich aus meiner heutigen Sicht, einige Aussagen anders, aber am Grundbild, diesem allmächtigen Wesen, mit dem ich verbunden bin, dass ein Teil von mir ist und ich von ihm, hat sich rein gar Nichts geändert. Irgendwie ein tröstlicher Gedanke, Entwicklung und Veränderung ist zwar ein wichtiger Teil des Lebens, trotzdem ist es schön zu wissen, dass manche Dinge trotzdem bestehen bleiben dürfen, oder?

Ich wünsche Dir, dass du für dich aus diesem Buch mitnehmen kannst, was für dich passend ist und hoffe, ich konnte dich dazu animieren, deine eigenen Überlegungen anzustellen und ganz individuelle, für dich stimmige Antworten zu finden. Vielleicht kommst du ja zu ganz anderen Schlüssen als ich? Vielleicht wirst du ein gänzlich neues Bild kreieren, dass es so noch gar nicht gibt, weil du noch andere Bausteine findest, die bisher in keiner der Lehren berücksichtigt wurden? Vielleicht interpretierst du aber auch einfach die Dinge komplett neu und findest so deine Wahrheit, die dich ruhig schlafen und deine Ängste schrumpfen lässt? Wie auch immer Deine Antworten aussehen mögen und wo deine Reise dich hinführt, ich wünsche dir von Herzen, dass du diesem Leben so viele Erfahrungen, Eindrücke, Emotionen und Wahrheiten entlocken kannst, wie nur möglich.